AF590020

LA RÉVOLUTION DE FRANCE

CONSIDÉRÉE DANS SES EFFETS

SUR LA CIVILISATION DES PEUPLES,

ET SES RAPPORTS AVEC LES CIRCONSTANCES ACTUELLES.

CET OUVRAGE SE TROUVE AUSSI AU DÉPÔT DE MA LIBRAIRIE,

Palais-Royal, galeries de bois, n° 265 et 266.

LA RÉVOLUTION
DE FRANCE

CONSIDÉRÉE DANS SES EFFETS
SUR LA CIVILISATION DES PEUPLES,

ET SES RAPPORTS AVEC LES CIRCONSTANCES ACTUELLES.

Petit monument historique.

Discite justitiam moniti, et non temnere divos.

PAR C. F. BEAULIEU.

PARIS,
J. G. DENTU, IMPRIMEUR-LIBRAIRE,
rue des Petits-Augustins (ancien hôtel de Persan), n° 5.
1820.

LA RÉVOLUTION

DE FRANCE

CONSIDÉRÉE DANS SES EFFETS SUR LA CIVILISATION DES PEUPLES ET SES RAPPORTS AVEC LES CIRCONSTANCES ACTUELLES.

CHAPITRE PREMIER.

Idées préliminaires.

L'HYDRE de Lerne désolait l'antique royaume de Pélops; Hercule, envoyé pour le combattre, s'aperçut qu'il le frappait vainement, et qu'à mesure qu'il abattait une des sept têtes du monstre, il en reparaissait aussitôt une nouvelle lançant le même dard et distillant les mêmes poisons. Ce prodige se répétait toujours; mais enfin le héros, fatigué d'un combat inutile et dangereux, lève son arme redoutable, et fait sauter toutes les têtes d'un seul coup. Ainsi fut délivrée la Grèce du plus épouvantable fléau.

A quoi voulez-vous en venir avec cette allégorie, me dira-t-on, et que prétendez-vous?

Que ce n'est que par une attaque décisive que peut être vaincu le monstre politique qui répand la terreur dans toute l'Europe; mais pour le vaincre, il faut le bras et la vigueur d'Hercule; il faut, comme le demi-dieu, frapper fort et promptement, et le priver à la fois de tous les moyens de se reproduire, car si on le ménage, il relevera bientôt ses têtes sanguinolentes; déjà l'on entend ses horribles sifflemens.

Cependant, que messieurs les révolutionnaires ne s'effraient pas trop; ce n'est pas pour abattre leurs têtes que j'invoque l'assistance du fils de Jupiter; je n'ai pas fréquenté leur école, et n'en veux point à leurs personnes, mais au système qu'ils professent, doctrine éprouvée dans ses principes et ses conséquences, qui bouleversera le monde, si on ne détourne dans l'abîme le torrent dont elle fut la source, et qu'elle reproduit de nouveau. Qu'on y réfléchisse; c'est à la barbarie qu'on nous conduit, en paraissant suivre la ligne de la perfectibilité; il est dans l'ordre social comme dans l'ordre naturel, dont il est le perfectionnement, des barrières qu'on ne peut forcer sans tomber dans le cahos. On y était arrivé sous la Convention; tous les élémens de l'état social furent détruits ou bouleversés par elle, et le ciel même fut l'objet de ses violences. Le 19 novembre 1793, elle entreprit de détrôner le Créateur. Robespierre, il est vrai, lui rendit son trône et son empire; mais cette restitution lui coûta la vie, car ce fut pour le punir de sa déclaration de l'existence de Dieu et de l'immortalité de l'âme, que sa perte fut jurée. Or, d'après les attaques sans cesse dirigées contre la religion la plus généralement répandue dans l'Europe, et la bienveillance hypocrite affectée pour les autres, qui ne sont au fond qu'une philosophie déguisée, quel est l'homme de sens qui ne voit pas où l'on veut en venir? Qui n'est pas convaincu que c'est à l'athéisme, dont Robespierre lui-même fut épouvanté, qu'on cherche à nous amener, ou tout au moins au déisme pur, qui n'a pas plus de pouvoir sur les actions sociales que l'abnégation de la Divinité, et présente peut-être plus de chances pour les égarer?

Pour trouver le principal moteur de cette aberration monstrueuse, il faudrait creuser bien avant, et je me sens trop faible pour un pareil travail; mais je puis faire voir comment l'application s'en est faite de mon temps, et quels en ont été les résultats. Je puis ensuite faire observer comment on s'y prend pour renouveler l'entreprise : c'est ce que je me propose dans ce petit écrit. Il n'y sera question que de ce que j'ai vu depuis 1789 jusqu'au règne de Buonaparte; je dissimulerai ce règne, où l'on peut trouver sans doute beaucoup de mal, mais aussi quelque bien, et me bornerai à rapprocher des temps actuels l'époque qui l'a précédé.

Sans doute, pour remplir cette tâche avec exactitude, je serai parfois obligé de faire des exceptions à l'oubli, ou plutôt au silence; car quoi qu'on puisse dire, le souvenir ne dépend pas de la volonté, Dieu seul l'efface ou le fait renaître, l'éloigne ou le rapproche; c'est une impression qu'il donne à notre âme, qui est toute entière dans ses mains. La réminiscence des injustices qu'on a éprouvées, des proscriptions dont on a été victime, se place devant l'imagination, sans qu'elle l'ait cherchée; elle revient dans la solitude de l'infortune, lorsqu'on se fait malgré soi le tableau des calamités d'une vie longue et douloureuse. Alors les dispositions de l'esprit dépendent des impressions extérieures. Si les causes des malheurs ont cessé, la résignation succède, et si l'on souffre, au moins c'est en paix; mais si ces causes se reproduisent, si les symptômes du mal reparaissent, à l'instant tous les souvenirs se renouvellent, décomposent toutes les idées, assiègent l'âme et la bouleversent ; il n'est pas une circonstance affligeante qui échappe à la mémoire, pas un sbire dont l'épouvantable figure ne soit présente ; un sentiment d'effroi fait reconnaître jusqu'aux verroux du cachot où l'on a été enchaîné.

Dans une telle situation, la terreur de l'avenir rompt nécessairement le silence sur le passé, et tous les souvenirs se manifestent par des gémissémens et des cris. Telles sont les impressions qui mettent l'imagination de l'homme en mouvement, elles sont communes à l'animal le moins perfectionné. Et comment n'agiraient-elles pas dans l'état où nous nous trouvons ?

Je lis tous les jours ces mots qu'une extrême bienveillance, malheureusement déçue, a souvent répétés aux malheureux Français : *union et oubli*. J'étais disposé à obéir, autant qu'il est en moi, à cette invitation auguste et paternelle, et par une illusion désirée, à recommencer mon existence dans le monde, comme si j'y arrivais aujourd'hui ; mais je me suis aperçu que ceux qui s'empressaient le plus de répéter *union et oubli*, étaient précisément ceux qui pratiquaient le moins, ou plutôt qui ne pratiquaient pas du tout la doctrine qu'elle prescrit, et qu'ils n'avaient sans cesse ces mots à la bouche que pour distraire l'attention de ce qu'ils faisaient dans un sens opposé. J'ai prêté l'oreille, et j'ai entendu les mêmes insultes à ceux qu'ils devaient plaindre, les mêmes vociférations, les mêmes calomnies, les mêmes impiétés. Je me suis approché de plus près, et j'ai vu brûler dans leurs mains le flambeau qui incendia ma patrie ; alors j'ai crié au feu ; car certainement, ce n'était alors ni le moment de l'oubli ni le moment du silence. J'ai donc résolu de parler, d'exposer ce qui a été fait, pour inviter mes compatriotes à se mettre en garde contre ce qu'on veut faire. S'il m'échappe quelque révélation des erreurs ou des crimes sur lesquels les personnes dont il est ici question ont intérêt de faire garder le *tacet*, qu'elles s'en prennent à elles-mêmes de mon indiscrétion : l'importunité de leurs attaques aura nécessité ce moyen de défense. D'ailleurs, je ne m'occuperai pas de faire baisser le prix de leurs rentes et de leurs propriétés nationales ou patrimoniales, acquises à quelque titre que ce soit ; j'aurai à cet égard le plus grand respect pour elles, et sans doute elles m'en remercieront, car c'est sans doute l'objet qui les intéresse le plus. Cela posé, elles voudront bien me pardonner le reste ; c'est ici l'exécution du système des compensations du bon M. Azaïs ; car s'il peut résulter de cette publication quelques désagrémens pour elles, elle aura bien aussi son utilité pour d'autres, à qui l'on doit aussi égards et justice.

CHAPITRE II.

Les deux époques.

Il y a une similitude si rigoureusement exacte entre les anciens jacobins et leurs légataires universels, masqués aujourd'hui sous la sotte dénomination de *libéraux;* entre les principes dont les premiers sont partis et ceux qu'établisssent leurs successeurs, enfin entre la conduite des uns et des autres, qu'après un intervalle de plus d'un demi-siècle, il semble que les deux époques n'en font qu'une, et que les temps sont confondus. Il est vrai de dire seulement que le plus saint des devoirs a moins de succès; on n'obéit plus à l'appel avec la même docilité; à cela près, les manœuvres sont les mêmes.

Je prie le lecteur qui n'est ni ministériel, ni doctrinaire, ni *ultrà,* ni *citrà,* mais un simple *extrà* de bonne foi, de vouloir bien remonter un instant, avec moi, aux premières années de nos troubles, et redescendre ensuite à l'époque actuelle; je crois qu'il ne me sera pas difficile de le convaincre qu'il y a identité parfaite, sauf quelques nuances de perversité dans ce tableau de désordres, qui ne sont pas à l'avantage des libéraux du jour. S'il lit les écrivains, s'il examine les doctrines qui font autorité pour eux, que verra-t-il en effet? De misérables sophistes, de tristes idéologues que Buonaparte lui-même abandonnait à la risée de ses courtisans, tout en les plaçant dans son sénat; d'orgueilleux alchimistes qui, cherchant de l'or, n'ont obtenu que des cendres; des régénérateurs insensés dont les ouvrages obscurs sont l'atelier d'anarchie, où des jeunes gens sans expérience vont chercher et fabriquer les armes qui serviront peut-être à la destruction de la patrie, que leurs bras devaient défendre; et quels sont les hommes employés à l'exécution de leurs inexécutables systèmes? Des séditieux aboyeurs de liberté, divisés par sociétés ou par bandes, parcourant les salons, les clubs, les tabagies libérales, et clabaudant sur les places publiqnes contre les institutions les plus saintes et les autorités les plus augustes; puis reproduisant tout cela dans leurs écrits insolemment appelés *patriotiques*, ou leurs hypocrites doléances aux colléges électoraux.

Si l'honnête homme que j'ai prié de procéder à cette revue avec moi, est âgé de quarante-cinq à cinquante ans, il a vu par lui-même à quel odieux, à quel sale gouvernement les manœuvres de ces malheureux bateleurs ont donné naissance à la première époque. Que dira-t-il, lorsqu'il les verra recommencer à la seconde? Pour peu qu'il connaisse les élémens de la saine logique, il répondra que dans l'ordre naturel des choses, les mêmes principes doivent nécessairement conduire à des conséquences pareilles, également funestes si les principes sont pervers, mais plus funestes encore si elles se développent à la suite d'une révolution aussi désordonnée que celle que nous avons subie; car, dans cette hypothèse, c'est presque toujours le pire qui triomphe : l'expérience l'a suffisamment démontré.

Quelle sera ensuite sa pensée, lorsqu'il verra ces doctrines professées dans le royaume de France par des individus qui ne sont pas Français, ou ne le sont que par contrebande? Que dira-t-il, lorsqu'il verra ces individus se placer avec audace aux premiers rangs dans notre nation, se déclarer ses docteurs, les chefs de sa législation, et proclamer nationaux du haut de sa tribune usurpée, de détestables principes qui, dans tous les temps et dans tous les pays, en Grèce comme à Rome, à Londres comme à Paris, sont devenus les poisons de la sociabilité ?

Que dira-t-il, lorsqu'il les verra constamment occupés à dénaturer la morale du peuple, acharnés à détruire ses coutumes et ses usages, seuls conservateurs de ses lois? et ce n'est pas de moi qu'il apprendra cela, mais du Calchas de ces nouveaux Grecs, de J.-J. Rousseau.

« Le moindre changement dans les coutumes, « dit cet écrivain (1), fût-il même avantageux, « à certains égards, tourne toujours au préju« dice des mœurs. Les coutumes sont la mo« rale du peuple, et dès qu'il cesse de les res« pecter, il n'a plus de règle que ses passions, « ni de frein que les lois, qui peuvent quelque« fois le contenir, mais jamais le rendre bon. « D'ailleurs, quand la philosophie a une fois « appris au peuple à mépriser ses coutumes, il « trouve bientôt le secret d'éluder ses lois. Je « dis donc qu'il est des mœurs d'un peuple « comme de l'honneur d'un homme; c'est un « trésor qu'il faut conserver, et qu'on ne re« trouve plus quand on l'a perdu. »

Il convient de remarquer ici qu'on trouve, sous une forme peu différente, précisément les

(1) Préface de Narcisse.

mêmes réflexions dans Montesquieu ; elles sont même encore plus prononcés. « Il faut, dit ce « grand publiciste, remonter aux anciennes ins- « titutions pour remonter à la vertu ; ».... « On « va au mal par une pente insensible, et l'on « ne remonte au bien que par un effort. » J'abandonne ces réflexions aux commentaires de messieurs de la doctrine constitutionnelle, je souhaite qu'ils puissent l'appliquer au peuple nouveau qu'ils font naître du sein de la révolution, comme Cadmus, après avoir semé les dents du dragon qu'il avait vaincu, fit sortir tout à coup des bataillons armés du sein de la terre, mais qui s'exterminèrent aussitôt qu'ils furent nés. Plus heureux que Cadmus, puissent-ils improviser pour ce peuple sans aïeux, des usages et des coutumes qui soient le principe de ses mœurs et la garantie de ses lois ! mais je ne puis m'empêcher de craindre pour ce peuple, le sort des guerriers du héros grec, et mon inquiétude est d'autant plus alarmée, que je ne crois pas messieurs les doctrinaires inspirés du Saint-Esprit.

Pour essayer de détruire avec quelqu'espoir de succès ces coutumes et ces usages, il fallait sans doute remonter bien haut. Les Titans de la fable en avaient fourni l'idée ; ils entassèrent montagnes sur montagnes, et tentèrent d'escalader le ciel même; c'est ce qu'on a imaginé de nos jours : nous avons vu proscrire, au nom de la civilisation, la religion, qui a civilisé le monde; nous l'avons vue arrachée du fond des conciences, si toutefois il peut y avoir des consciences sans religion; et les Etats du roi chrétien livrés par une horde de bandits, aux fureurs d'un enfer anticipé.

Nous avons vu les autels détruits, les temples du vrai Dieu métamorphosés en étables d'animaux immondes, et ses ministres assassinés d'un bout de la France à l'autre, ou cherchant dans les cavernes une asile contre les persécutions de l'impie. Voilà ce qui s'est passé aux yeux de l'Europe chrétienne, et voilà l'œuvre que veulent reprendre, en sous ordre, les libéraux du jour. Sans doute ils se montrent un peu moins audacieux que leurs devanciers, ils attaquent avec un peu plus de circonspection; mais pourquoi? Parce qu'ils sont encore étourdis de quelques chutes assez graves qu'ils ont essuyées, et n'ont pas recouvré leurs forces; mais, je le répète, ils sont peut-être intentionnellement plus pervers que leurs maîtres; on peut au moins alléguer l'inexpérience en faveur de ceux-ci : ils étaient jeunes, pour la plupart, lorsqu'ils sont entrés dans la dangereuse carrière de la politique. De décevantes illusions si puissantes sur la jeunesse, ont pu les séduire et leur cacher le précipice prêt à les recevoir. Ils ont suivi ces funestes prestiges, et sont tombés de chute en chute, sans pouvoir se relever, dans un abîme sans fond, dont les bords ne se retrouvent plus.

Cette excuse de l'inexpérience ne peut être donnée aujourd'hui; les jeunes gens même qui se trouvent parmi les prétendus libéraux, n'ont pas le droit de s'en prévaloir. Leurs parens, leurs amis, plus âgés qu'eux, leurs instituteurs, s'ils n'ont pas cherché à les tromper, leurs livres, les anciens journaux que je les vois feuilletant du matin au soir, leur ont appris et leur apprennent ce qui s'est passé; et pour peu qu'ils aient de l'intelligence, et sans doute il en est parmi eux qui en ont beaucoup, ils ne peuvent se méprendre sur l'intention de ceux qui cherchent à les égarer dans un labyrinthe de mensonges; ils doivent se convaincre que ce sont des fourbes qui cherchent des complices; que c'est pour en multiplier le nombre qu'on les voit distillant avec un art perfide les poisons de la calomnie sur ce qui leur reste de victimes à sacrifier; et que, nouveaux vampires, ils s'acharnent à extraire de leurs veines desséchées le peu de sang qui y circule encore.

Qu'ils consultent ce Montesquieu, dont les écrits leur sont si vantés ; qu'ils les comparent avec tout ce qu'on leur dit, ils y verront que les conseils qu'on leur donne sont précisément le contraire des principes qu'il pose et des doctrines qu'il enseigne : il leur apprendra *qu'une religion, même fausse, est encore le plus sûr garant que les hommes puissent avoir de la probité des hommes.*

Après cette déclaration de Montesquieu, qui, dans les circonstances actuelles surtout, est peut-être le meilleur guide qu'ils puissent suivre, seront-ils excusables de ridiculiser, de *proscrire* (1) la religion sainte, dont ils ont reçu le sceau à leur naissance, et qui seule imprima dans leurs âmes neuves et innocentes encore, les habitudes de probité et de vertu dont ils ne peuvent se dépouiller entièrement dans l'âge mûr.

Quant aux institutions politiques, qu'ils consultent le même publiciste ; il était aussi un homme monarchique dans le sens de la Charte, car c'est peut-être lui qui en a donné la première idée en France ; il leur dira que, s'il n'y a

---

(1) *Voyez la Bibliothèque historique*, dont des jeunes gens sont les rédacteurs.

point de société civile sans religion, il n'y a pas de monarchie tempérée sans noblesse; il leur fera voir que, sans cet intermédiaire entre le trône et la foule populaire, le gouvernement français ne serait autre que le gouvernement de Constantinople. Il serait pire encore, parce qu'il n'aurait pas contre ses propres fureurs et celles d'une aveugle populace, le frein de la religion, qui, même sous les murs du sérail, peut quelquefois les modérer. « Philosophe, dit encore J.-J. Rousseau, tes lois morales sont fort belles; mais cesse un moment de battre la campagne, et montre-m'en de grâce la sanction, et dis-moi nettement ce que tu mets en place de Poulserrho. »

L'étude et la réflexion leur feront comprendre que l'inégalité des conditions parmi les hommes, et l'inégalité des propriétés dans l'ordre social, sont une conséquence nécessaire des lois immuables qui régissent le monde, et ils reconnaîtront que les niveleurs libéraux sont les légataires de ce Procuste qui attachait les passans sur son lit, et leur faisait couper les pieds lorsqu'ils en dépassaient la longueur. La différence entre Procuste et ces libéraux, c'est qu'au lieu des pieds, ceux-ci nous faisaient couper la tête.

Je reviens à l'objet de ce petit écrit, à l'apperçu historique des deux époques *avant* et *après* la révolution de France. Jusqu'à ce moment je n'ai considéré l'une et l'autre que sous un point de vue général ; je dois au lecteur quelques preuves de ce que j'ai avancé sur toutes deux.

CHAPITRE III.

Des clubs, et de leur influence sur les premiers évènemens de la révolution de France.

Toute la révolution de France, et jusqu'au langage de ses auteurs, sont d'origine étrangère. Destinés par notre position dans le cœur de l'Europe, par la fertilité de notre sol, par les qualités brillantes et les connaissances presqu'universelles des hommes qui l'habitent, à exister par nos propres moyens, nous n'avons cependant voulu rien avoir qui fût à notre patrie, et nous sommes allés chercher chez nos rivaux leur politique et nos malheurs. Le mot *club* est anglais; l'Académie française ne l'a pas encore inséré dans son vocabulaire. D'après le sens qu'on a donné plus particulièrement à cette expression, un club est une société s'occupant de questions politiques. Je sais bien que la signification en est plus étendue; mais c'est sous le premier rapport seulement que je dois ici parler de ces sociétés.

Dans un Etat régi par des lois régulières, une association de cette nature, fût-elle composée des plus honnêtes gens du monde, n'est absolument bonne à rien, et ses niaiseries, dénuées de tout intérêt, ne peuvent qu'entraver la législation, sans jamais lui être utile. Si elle est, au contraire, formée d'intrigans et d'ambitieux, comme cela est inévitable, elle détruira tôt ou tard le gouvernement, dont elle deviendra nécessairement la rivale ; car c'est pour le combattre qu'elle s'est établie, et ses chefs n'ont pas d'autre pensée que de déplacer ceux qui dirigent l'Etat, pour se mettre à leur place, et changer sa forme et ses lois.

Comme j'ai vu de près les clubs ; que je sais comment et dans quelle intention ils se sont formés ; que j'ai été à portée d'observer toutes leurs manœuvres ; enfin que je sais ce qui en est résulté, je crois pouvoir raconter leur petite histoire. Avant d'entrer en matière, le lecteur me permettra de courtes observations ; elle seront simples et à la portée des hommes les moins susceptibles de réfléchir.

Un brigand solitaire ne peut long-temps compromettre la tranquillité publique ; il n'attaque ordinairement qu'un individu isolé comme lui, par lequel il peut être terrassé : d'ailleurs, quelque vigoureux qu'il soit, deux ou trois gendarmes peuvent le saisir, et la justice l'envoie à l'échafaud ; alors il n'en est plus question, et les routes qu'il infestait en sont débarrassées pour jamais. Il n'en est pas de même, lorsqu'il est parvenu à réunir une bande de malfaiteurs comme lui; si cette bande a formé ses plans, réglé ses statuts; si une communauté d'intérêts s'est établie entre les individus qui la composent, et si l'association fait quelques profits, le nombre des intéressés ne manque pas de s'accroître; en vain l'autorité publique parvient à la dissoudre; elle se reforme bientôt des malfaiteurs qu'on n'aura pu saisir, et de leurs héritiers ou ayans-cause; toujours attaquée, elle ne cesse pas de se reproduire: c'est une institution permanente que souvent des siècles ne peuvent renverser. Ce qu'on a vu et ce qu'on voit encore dans quelques Etats d'Italie, prouve assez qu'il n'y a rien de hasardé dans ce que je viens de dire. Or, l'application s'en fait naturellement à la politique. Ce n'est point un individu isolé, quelqu'audacieux qu'il soit, qui peut long-temps troubler la paix de l'Etat; on le met pour quelque temps à Bicêtre, ou, ce qui vaut mieux, on se moque de lui; et tous ses projets disparaissent; à peine en garde-t-on le souvenir; mais si cet individu forme des associations nombreuses dans le même but, et si des associations pareilles ont auparavant procuré de grands bénéfices ; si elles ont servi de marche-pied aux plus hautes dignités, et pris des racines profondes, on aura beau les dissoudre, elles se reproduiront long temps. Il faut en extirper la racine, ou elles deviendront plus fortes que les institutions fondées par le législateur lui-même.

La révolution de France fut commencée et continuée par les clubs, espèce de bandes noires formées par l'esprit du siècle, ou plutôt par l'esprit de l'enfer, pour détruire les États, sous le prétexte de les régénérer : on pourrait les comparer à ces filles horriblement insensées qui coupèrent leur vieux père par morceaux, et le firent passer à l'eau bouillante pour le rappeler à la jeunesse.

Les premiers clubs révolutionnaires se formèrent à Rennes, sous la paisible dénomination de *Chambres de lecture*, et furent plus particulièrement dirigés par des avocats et des professeurs en droit, enseignant déjà à cette époque plutôt le droit républicain que le droit français.

Les premières révoltes contre le Parlement et la noblesse de Bretagne furent le résultat des intrigues et des provocations de ces Chambres : elles avaient pour fanal indicateur un pamphlet semi-périodique intitulé *la Sentinelle*, rédigé par un personnage plus habile que sage, au moins à cette époque, qui, dit-on, ne croyait pas plus en Dieu qu'à la légitimité du Roi : il a été élevé depuis à une haute dignité.

Ce fut par l'influence des Chambres de lecture que les avocats réformateurs de la Bretagne furent, en 1789, députés aux États-Généraux. On prie le lecteur d'observer comment les évèmens se sont développés depuis cette époque, et quels ont été les différens moteurs : il trouvera toujours les clubs; il n'y aura que les individus qui se retireront pour faire place aux nouveaux arrivés. Les hommes seuls passeront; les clubs seront héréditaires.

Arrivés à Versailles, les députés bretons y formèrent le fameux club auquel on donna leur nom. Ils y admirent ceux des députés des autres provinces qui avaient les mêmes projets qu'eux, et inoculèrent à leur association le virus républicain, qu'ils avaient exporté de leurs Chambres de lecture. Ce germe funeste se développa avec la plus grande activité, et le succès de leurs premières manœuvres passa leurs espérances : il leur apprit qu'ils pouvaient tout oser; ils osèrent, et tout leur réussit. Ils n'avaient, s'il faut les en croire, formé cette réunion que pour s'occuper des intérêts de la Bretagne, encore livrée à de très-grands désordres; mais leurs auxiliaires leur persuadèrent que le moyen le plus efficace d'arrêter les poursuites contre les auteurs de la révolte qui tourmentait ce pays, était de s'étendre à toutes les provinces, et de faire une insurrection générale d'une révolte particulière, qui, en bonne justice, pouvait conduire ses auteurs à l'échafaud.

Ce fut pour opérer cette insurrection, que de ténébreuses intrigues répandirent l'alarme dans toute la France; on parvint à séduire plusieurs serviteurs de la famille royale, à laquelle on supposa les plus odieux projets, et elle fut attaquée jusque sur les marches du trône, poursuivie jusque dans les bras du Roi : la populace fut soulevée dans les prétendus intérêts d'un ministre disgrâcié, bientôt livré aux huées de cette même populace qui l'avait accueilli et regretté comme son sauveur. On organisa le pillage; on fit brûler les propriétés de l'Etat, et les assassinats provoqués à la sourdine furent bientôt approuvés hautement.

Ce fut ainsi que quelques individus réunis en club, et ne jouissant encore que d'une très-mince considération personnelle, commencèrent le bouleversement du plus puissant royaume de l'Europe : telle est l'origine première de ces intérêts moraux de la révolution qu'on conserve avec tant de soin. Voici par quels moyens on parvint à leur donner du développement et de la consistance.

CHAPITRE IV.

Émigration du club breton à Paris. — Il y prend une forme nouvelle.

Après les évènemens des 5 et 6 octobre 1789, le club breton suivit l'assemblée nationale à Paris, où il différa, pendant plusieurs jours, de reprendre ses opérations ; plusieurs députés même hésitèrent s'ils en feraient partie. Quelques regrets de ce qu'ils avaient fait semblaient les arrêter, et les crimes commis leur faisaient redouter ceux dont la carrière allait recommencer. De ce nombre fut l'abbé Syeyes, qui traitait de mauvaises têtes plusieurs des membres du club breton : il y retourna dans la suite, devint un des moteurs secrets de ses opérations les plus funestes, et se perdit ensuite au milieu de sa puissance et de sa gloire. Le club s'établit dans un ancien couvent de moines Jacobins ; on lui en donna sur le champ le nom, que, dans la suite, ses membres se firent gloire de porter, comme ceux de *montagnards* et de *sans-culottes*, qu'ils adoptèrent successivement.

Il prit provisoirement le titre de *Société des amis de la Constitution*, qui n'existait pas, et qu'il devait détruire aussitôt qu'elle existerait. Dès leur établissement, les clubistes s'appelèrent *frères-amis ;* on sait ce que devinrent ces frères et amis : depuis Caïn et les frères d'OEdipe, on n'en vit jamais de pareils.

Lorsque le club Breton se forma à Versailles, des députés seuls en firent partie. Les agens qu'ils employaient au dehors n'étaient point admis à leurs délibérations encore mystérieuses; ils ne les connaissaient même pas, et ne savaient qu'obéir et frapper, comme les séides de Mahomet et les émissaires du Vieux de la Montagne; mais après la métamorphose à Paris, le club ne conspira plus dans l'ombre, parce qu'il n'avait rien à redouter en agissant en plein jour; il attaqua hautement l'autorité du Roi, prisonnier dans son palais, en affectant toutefois d'avoir pour sa personne, pendant la session de l'assemblée constituante, quelques égards, qui étaient au fond plutôt des insultes que des hommages.

Trente à quarante députés au plus; appartenant pour la plupart aux premières, ou au moins aux plus importantes familles du royaume, formèrent le noyau de cette association. On y comptait le chef de la maison de Larochefoucault, assassiné à Gisors par ordre de ceux qu'il avait adoptés pour ses frères; le duc d'Aiguillon, forcé de s'enfuir à Hambourg pour sauver sa tête qu'ils avaient proscrite, et mort dans cette ville, pendant qu'ils démolissaient ses superbes châteaux et se partageaient sa belle fortune; le prince Victor de Broglie, envoyé à l'échafaud par ses frères et amis; le chevalier de Beauharnais, qu'ils traitèrent avec la même fraternité; le marquis de la Fayette, dont ils mirent la tête à prix, et dont il faut louer l'excessive bonté, car il est devenu de nouveau le frère et ami de ses proscripteurs, et de leur ayant-cause; le vicomte de Noailles, également proscrit par les mêmes frères, et obligé d'errer chez l'étranger, et qui a péri loin de son pays, dans les mers d'Amérique; M. de La***, aussi long-temps proscrit, et revenu à ses premières amours; Delaborde-Mereville, fils aîné du plus riche banquier de France, dont ils ont dévoré l'immense fortune, et fait périr le respectable père; Chapelier et Barnave, morts sur l'échafaud, mais ayant auparavant détesté leurs erreurs; Robespierre, Pétion, Condorcet, proscrivant leurs frères, et à leur tour proscrits par eux, et plusieurs autres dont il serait trop long de rapporter ici la pitoyable histoire : elle appartient à un ouvrage plus étendu.

Le club voulant donner le plus grand développement à un sytème qu'il destinait à faire le tour du monde, admit des étrangers à ses délibérations, et voulut qu'elles fussent publiques. Les écrivains les plus obscurs, les pamphlétaires les plus audacieux, dont on avait besoin pour répandre la doctrine nouvelle, y furent reçus à bras ouverts. Plusieurs personnages, qui depuis ont acquis la plus haute importance, commencèrent ainsi leur fortune ; on y admit, ou plutôt on rechercha, pour en faire des frères et amis, les individus qui avaient le plus d'influence dans les districts ou les sections délibérantes de la capitale ; et comme ces individus étaient ordinairement les plus audacieux et les plus impitoyables bavards, l'illustre club, livré à cette cohue, ne fut bientôt qu'une épouvantable pétaudière. Heuseuse la France s'il n'en eût jamais été que cela ! Mais les meneurs sentirent que ce bavardage même est d'une grande utilité dans les révolutions, et ils imaginèrent d'établir dans toutes les provinces de France, des sociétés de bavards qui seraient en correspondance suivie les unes avec les autres, et toutes avec celle de Paris, appelée *société-mère*, dont le système devait servir de régulateur aux opérations des *sociétés-filles*, qu'on appela *sociétés affiliées*. Des personnes dont on retrouve les noms sur la *Liste des Amis de la société de la liberté de la presse*, publiée par le bon M. Fabreguettes, eurent l'idée profondément machiavélique de l'institution des sociétés affiliées; comme ils étaient députés, il leur fut facile de mettre ce système à exécution. Des clubs furent donc établis, ou par leurs conseils ou par leurs agens, dans toutes les villes et les plus petits bourgs de France; il est même plus d'un village qui eut sa société de frères et amis, dont le curé constitutionnel fut le président, et le maître d'école le secrétaire. Rien ne serait plus comique que l'histoire des clubs, si elle n'était pas la plus odieuse. Toute cette bande de frères et amis étendirent bientôt leurs mains *libérales*, ou plutôt leurs épouvantables griffes, accrochées les unes aux autres, sur toute l'étendue de la France, et il fut presqu'impossible de leur échapper sans être inondé de sang ou dépouillé de tout, depuis la tête jusqu'aux pieds. Dans les premiers temps de son institution, la société-mère avait déclaré qu'elle n'avait d'autre but que de répandre une plus grande masse de lumières autour de l'assemblée nationale; elle voulut être son avant-garde, s'il est permis de s'exprimer ainsi, et lui indiquer les précipices qui pourraient se trouver sur sa route. Il est remarquable que c'est toujours en répandant la lumière autour de nous qu'on nous a conduits dans les plus épaisses ténèbres. L'intention des sociétaires était surtout d'éclairer, par des discussions préalables, les mesures que l'on devait prendre, et les décrets qu'on devait porter. Or, quels étaient ceux qui avaient cette prétention, et élevaient ainsi autel contre autel? Des individus qui n'avaient aucune mission, et des intrigans de tous les pays; et quel était ensuite le nombre des députés qui s'étaient associés à eux? Ils étaient trente à quarante au plus sur douze cent; et à l'aide de leur club, ils vinrent à bout d'asservir plus de onze cent de leurs collègues à leur téméraire volonté. Mirabeau, qui s'était servi d'eux jusqu'aux 5 et 6 octobre, et les connaissait bien, leur criait, dans une délibération fameuse : *Silence aux trente voix!*

Eh bien! ce furent ces trente voix qui commencèrent le bouleversement de la France, dépouillèrent le roi de sa puissance, lui imposèrent cette Constitution inexécutable, à laquelle on voudrait assimiler la Charte d'aujourd'hui, en l'isolant de toutes les institutions qui peuvent la fortifier, et ils réussirent par le moyen des clubs. Or, voici comment ils manœuvraient.

La société-mère, à Paris, se faisait adresser des provinces, par les sociétés affiliées, les dénonciations les plus violentes contre ceux qui voulaient arrêter le mouvement de la révolution. Ces dénonciations, pétitions ou adresses étaient lues à la tribune de l'Assemblée nationale par les députés clubistes. Quelquefois des pétitionnaires qui s'étaient auparavant présentés au club, venaient renouveler leurs doléances à la barre de l'assemblée ; si les dénonciations supposaient quelques délits, l'Assemblée était obligée de les renvoyer aux autorités qui devaient en connaître ; mais comme ces autorités étaient elles-mêmes, pour la plupart, composées de clubistes ou de personnes qui craignaient de les contredire, les dénoncés étaient presque toujours condamnés.

J'ai dit que, dans les premières années de la révolution, le but avoué des clubistes était de discuter les projets que les députés du parti devaient proposer; mais comme il était rare que les projets imaginés et élaborés par une pareille cohue, eussent quelque chose de raisonnable, on avait recours aux émeutes pour les faire adopter; et c'est à susciter ces émeutes que les sociétaires de basse classe, qu'on pourrait appeler les *frères lais du nouvel ordre*, étaient employés; adroits coquins qui devaient bientôt prendre la place de leurs maîtres. Cette classe de jacobins distribuait des pamphlets, parcourait les cafés, formait des rassemblemens sur les places publiques, où elle attendait les ouvriers à la chute du jour, et les excitait à la révolte.

Les chefs du club établi en 1789 avaient porté au plus haut degré de perfection la tactique des émeutes ou petites insurrections. Après les victoires obtenues par ces insurrections, ils disaient en riant aux membres du côté droit, qu'il y avait un tarif pour cela, dont le prix était réglé sur l'importance des décrets à obtenir; et qu'ils pouvaient leur donner des sérénades de cette espèce, toutes les fois qu'elles leur seraient agréables.

Lorsqu'il y avait des nominations à faire dans les départemens, ou qu'on avait besoin de quelques pétitions pour abuser le stupide vulgaire, le comité des rapports du club, qu'on appelle aujourd'hui *comité directeur*, indiquait les nominations, envoyait toutes rédigées les pétitions aux sociétés affiliées, et elles revenaient chargées de signatures. Tout cela se faisait à peu près publiquement; si quelqu'un osait réclamer dans l'assemblée, il était hué par le côté gauche, les tribunes faisaient écho, et il était impossible de se faire entendre : les cris et les huées furent, sans contredit, un des pouvoirs prépondérans de la révolution : ils préparèrent le silence de la mort.

Tous les désordres qui eurent lieu, soit à Paris, soit dans les provinces, pendant le règne de l'Assemblée constituante, furent excités par les clubs; pamphlets, journaux révolutionnaires, tout se fabriquait par leurs membres, ou d'après leurs principes; ils avaient une caisse qui en payait les frais. Ce fut par leur influence et l'égarement qu'ils introduisirent dans les opinions, que l'Assemblée qui renfermait tant de connaissances et de si beaux talens, devint un véritable volcan révolutionnaire, qui lança au loin les feux dévorans qui ne sont pas encore éteints. Continuellement agitée par ces clubs infernaux, elle ne put rien faire de sage, et ne substitua à tant de ruines dont elle s'était entourée, qu'une déplorable Constitution qui perdit la royauté et le Roi, et fut la boîte de Pandore pour ceux dont elle devait faire le bonheur.

Pendant la session de l'Assemblé constituante, le club des jacobins n'insulta point les puissances étrangères : il n'en voulait qu'au Pape, comme chef de la religion catholique, il fit brûler son image dans le jardin du Palais-Royal, au bruit des acclamations populaires.

Jusqu'au départ du Roi pour Montmédi, les clubistes se contentèrent de le dépouiller de sa puissance; il est même à croire que leurs principaux chefs n'avaient pas l'intention de détruire *radicalement* le trône, mais seulement de faire du monarque une espèce de président du pouvoir, comme celui des États-Unis : cette idée venait d'Amérique, où plusieurs d'entr'eux avaient fait la guerre.

Après le funeste voyage, un nouveau système se développa dans le club; les républicains levèrent le masque, et les clubistes en sous-ordre, dont les prétentions s'étaient prodigieusement élevées depuis 1789, résolurent de détruire entièrement la royauté.

Le chevalier Delaclos et le journaliste Brissot rédigèrent, de concert avec leurs amis, la fameuse pétition du Champ-de-Mars. Robespierre, à qui on avait décerné le titre d'*incorruptible*; Pétion, qui avait reçu celui de *vertueux*; l'abbé Grégoire et quelques autres firent la motion d'attenter à l'inviolabilité du Roi, et de convoquer une Convention pour le juger. Cependant l'Assemblée recula devant ce crime, qu'elle n'avait que trop préparé, par ses imprudences et sa théorie des insurrections; elle rejeta la motion à la presqu'unanimité : lorsqu'on alla aux voix, huit députés seulement se levèrent pour : Robespierre, Grégoire, Pétion, Buzot, Prieur, *dit* de la Marne, Vadier, Putraink, et Hébrard, avocat à Aurillac. Après la fusillade que les pétitionnaires essuyèrent au Champ-de-Mars, le club fut à peu près dissout; tous les clubistes prirent la fuite; il ne resta que le local; et les anciens gardes françaises voulaient le détruire à coups de canon; mais le marquis de Lafayette les calma, et ses amis et lui jugèrent que les *Frères et Amis* pouvaient, conformément aux principes *constitutionnels*, recommencer paisiblement leurs délibérations régicides.

Il est de la justice de dire que le plus grand nombre des députés qui appartenaient au club, rejetèrent avec beaucoup d'énergie la criminelle motion de Robespierre et de Grégoire. Ils en établirent un nouveau sous le même nom de *Société des amis de la Constitution*, et choisirent, pour y tenir leurs séances, un ancien couvent de moines feuillans, dont les bâtimens étaient contigus à ceux où siégait l'Assemblée.

Plusieurs personnes qui n'avaient point appartenu à celui des jacobins, demandèrent à y être admises ; et on doit convenir que cette association voulait arrêter la révolution, et conserver ce qui restait de la monarchie. Les feuillans furent d'abord très-nombreux; ils virent arriver à leur secours les hommes les plus habiles de la capitale, des savans du premier ordre, des littérateurs du plus grand mérite, des orateurs du plus grand talent; mais gens ordinairement timides, que le plus léger mouvement populaire met en fuite; c'est ce qu'on vit arriver. Leurs rivaux les jacobins ramassèrent une centaine de misérables dans les rues, et vinrent les insulter avec ce sale cortége. Cette visite les effraya tellement, que la plupart n'osèrent plus reparaître aux séances; chacun s'esquiva successivement, et le club fut terminé par une petite causerie, que suivit bientôt un éternel silence.

CHAPITRE V.

Des clubs sous l'Assemblée législative.

Le club de feuillans ne fit que paraître et disparaître sous l'Assemblée législative; celui des jacobins devint plus puissant que jamais, et le régulateur exclusif du mouvement révolutionnaire : il agit sur le même plan que sous la constituante, et se composa de députés et d'intrigans du dehors; mais ici les députés, quoique plus nombreux que sous la constituante, furent réellement en sous-ordre, et reçurent plutôt l'impulsion qu'ils ne la donnèrent.

Cette époque remarquable sous tant d'autres rapports, l'est surtout par la rapide dégradation de la puissance publique et du caractère national : il y avait une Constitution, et c'était ceux qui l'avaient prise pour bannière qui la violaient chaque jour, qui l'attaquaient avec le plus d'acharnement; l'anarchie développait de plus en plus son affreuse nudité. Tout s'avilit, jusqu'au langage; les plus sales grossièretés s'introduisirent dans les écrits; il n'y eut plus de déférence ni de respect pour personne; et c'était les clubs, et plus particulièrement celui de Paris, qui avilissaient ainsi la nation de l'univers la plus raffinée dans ses formes et la plus délicate dans ses expressions.

Robespierre et Pétion, qui n'appartenaient pas à l'Assemblée, avaient dans ce tripot beaucoup plus d'ascendant que les députés; le premier était accusateur public près le tribunal criminel à Paris; et le second, maire de cette grande cité qui renfermait dans son sein les destinées de la France. Tous les bandits, pour peu qu'ils pussent alléguer ce qu'on appelait alors *du patriotisme*, étaient sûrs de la protection de l'accusateur, et Pétion faisait relâcher par les mêmes motifs ceux que les agens de police conduisaient dans les prisons : tous ces misérables, auxquels on adjoignit les coupe-jarrets qu'on fit arriver des provinces pour tuer le Roi, comme ils le disaient eux-mêmes, ou plutôt comme on le leur faisait dire à la tribune et dans les journaux du club, formèrent le corps de réserve qu'on employa bientôt à l'exécution des plus horribles attentats.

Lorsque l'Assemblée législative se forma, l'évêque Grégoire, qui n'appartenait point à cette Assemblée, abandonna la chaire évangélique et la direction de son diocèse de Blois, et vint avec son grand vicaire, le capucin Chabot, qui probablement lui devait sa nomination de député, prêcher à la tribune de la société-mère, à Paris, l'insurrection des peuples contre leurs souverains.

C'est à cette époque qu'il faut remonter pour trouver la première mise à exécution publique de ce système de propagande dont on a parlé dans toute l'Europe; un évêque qui passe pour être religieux, fut le rédacteur de son manifeste.

A peine l'assemblée avait-elle vérifié les pouvoir de ses membres, que cet écrit lui fut adressé au nom du club, et envoyé en même temps à toutes les sociétés affiliées. On y lit les phrases suivantes; elles suffiront pour donner une idée des principes de l'auteur et de ses associés.

« C'est ici la guerre des rois contre les na-
« tions, des oppresseurs contre les opprimés.
« Les despotes savent qu'un peuple occupé au
« dehors, ne peut pas faire de révolution au
« dedans, et que si la nôtre n'est pas étouffée,
« elle va rapidement parcourir la terre. Sans
« doute ils dirigeront contre nous tous leurs
« efforts; mais les tyrans ont plus à craindre
« de la déclaration des droits que nous de leurs

« boulets. Dites à l'univers qu'ayant renoncé au « brigandage des conquêtes, nous ferons cause « commune avec tous les peuples résolus à se- « couer le joug, pour ne dépendre que d'eux- « mêmes. »

Puis le prêtre revenant à la religion, qu'il profane par ses injures aux puissances de la terre, et son appel à la désobéissance, invoque le Dieu des chrétiens, ne doute pas qu'il le secondera, et continue de provoquer le bouleversement universel.

« L'impulsion est donnée à l'Europe atten- « tive, ajoute-t-il ; son horoscope annonce « qu'elle s'ébranle, pour nous suivre ; il semble « que les temps sont accomplis, que le volcan « de la liberté va faire explosion ; réveiller les « peuples et opérer la révolution du globe (1). »

L'assemblée législative suivit avec la plus grande docilité les instructions publiées par l'évêque Grégoire ; tous les jours on entendait à la tribune les plus injurieuses déclamations contre tous les souverains de l'Europe, depuis Saint-Pétersbourg jusqu'à Madrid : la seule An-

(1) Ce manifeste, où se trouvent les idées les plus disparates, est imprimé dans *le Moniteur* du 4 octobre 1791. Le nom du rédacteur y est en toutes lettres.

gleterre était encore ménagée ; et ce ne fut qu'après le 10 août, lors du renvoi de l'ambassadeur Chauvelin*, que le ministère anglais fut livré à l'exécration publique, et Pitt déclaré l'ennemi du genre humain.

Le club des jacobins, sous l'assemblée législative, ne conserva de ses anciens fondateurs que pour la tradition seulement ; ses doublures s'emparèrent des premiers rôles. Comme sous l'assemblée constituante, les députés clubistes qui étaient en minorité dans leurs corps, vinrent à bout, à l'aide du club, de faire passer tous les décrets qui devaient conduire à l'entière destruction des derniers élémens de la royauté. Trois partis qu'on vit se développer successivement, et s'exterminer les uns les autres, composaient cette association monstrueuse.

Le premier était un ramas de fanatiques qu'on pourrait comparer aux indépendans ou niveleurs anglais qui firent périr Charles Ier. Les niveleurs français furent, comme en Angleterre, ceux des révolutionnaires qui eurent une part plus directe à l'assassinat de Louis XVI. Les autres leur avaient préparé les voies, et ils n'eurent qu'à frapper. Ils avaient pour chef Robespierre. Ce personnage n'avait joui d'aucune influence dans l'assemblée constituante, dont il était membre; on n'y écoutait pas même ses harangues populacières, et lorsqu'on allait aux voix, l'assemblée, la plupart du temps, rejetait ses propositions à l'unanimité : seul il se levait pour. La populace remarqua cette singularité, qui lui fit donner le nom *d'incorruptible*. A la fin de la session, il fut élevé sur les bras du peuple, et porté en triomphe avec son ami Pétion, qu'il proscrivit en 1793. Robesbierre fut aussi celui des constituans qui réclama l'abolition de la peine de mort avec plus de pertinacité et même d'acharnement; et cet homme qui votait seul dans son assemblée, qui ne débitait pas deux phrases où il ne fît entrer les mots *d'égalité*, de *liberté*, *d'humanité*, devint maître de la France, et un des despotes les plus cruels dont l'histoire ait conservé le souvenir. Croyez maintenant aux aboyeurs de liberté.

A Robespierre il faut joindre l'abbé Grégoire, autre fanatique, moins cruel sans doute, mais pour le moins aussi insensé, car il professait les mêmes principes et parlait le même langage : et il était prêtre!

Le second parti qui paraissait suivre la bannière de Robespierre, et se montra peut-être encore plus violent, est connu, dans les annales révolutionnaires, sous la dénomination de *cor-*

deliers. Ses chefs étaient en même temps membres du club des jacobins. Ceux-là voulaient de la fortune et du pouvoir, et plusieurs d'entre eux ont très-bien réussi à se procurer l'une et l'autre. Le parti cordelier eut, dans les premiers temps, des directeurs secrets qui ne se mirent pas en évidence. Le directeur public de cette association était Danton, personnage horriblement fameux, qui fut lui-même dirigé par Mirabeau, jusqu'aux évènemens des 5 et 6 octobre 1789.

Cette association, qui n'était qu'une succursale des jacobins, était chargée, dans les premières années, de l'exécution des crimes que ceux-ci n'osaient pas commettre, par une sorte de réserve que leur imposaient encore leurs frères les députés. Les cordeliers avaient pour écrivains Marat, Fréron, fils du fameux critique, Camille-Desmoulins, Fabre d'Églantine, et tous les pamphlétaires qui prêchaient le pillage, l'assassinat, et autres mesures odieuses dont l'initiative était inspirée à la plus vile populace.

Outre les clubistes cordeliers, les jacobins avaient encore pour auxiliaires une association de femmes appelée *société fraternelle*. Celle-ci était sous la tutelle immédiate de la société-mère, et tenait ses séances dans le même local;

la société-mère lui envoyait chaque jour quelques-uns de ses frères pour l'instruire. Ce club eut aussi ses sociétés affiliées ; il s'en établit près des halles et autres lieux fréquentés par la multitude. Les rues étaient pleines de ces sœurs et amies. Cette institution, l'une des plus infâmes de la révolution, est aussi une des plus bizarres.

En France, on trouve toujours un côté plaisant aux choses mêmes les plus fâcheuses. En considérant la société fraternelle sous ce point de vue, ce club, qu'on pourrait comparer aux associations des femmes *radicales* d'Angleterre, est la partie vraiment comique de la révolution de France. Qu'on imagine trois ou quatre cents marchandes de pommes et de navets, entremêlées de quelques femelles philosophes, au moins aussi bavardes qu'elles, se disputant comme des diablesses, criant *à la tribune! à l'ordre! la question préalable!* sans savoir un mot de ce que cela veut dire, et l'on aura, dans ce charivari, une parodie sûrement très-burlesque des débats de nos assemblées délibérantes.

Ces malheureuses étaient chargées, comme leurs frères les cordeliers, de préparer ce qu'on pourrait appeler les *coups-d'état de la populace*. En tricotant leurs bas, elles haranguaient les groupes avec un zèle qui ne laissait rien à désirer; on leur donna le nom de *tricoteuses de Robespierre.* C'était surtout ces malheureuses qui insultaient les membres du côté droit dans les tribunes des assemblées nationales, qui fréquentaient chaque jour les audiences des tribunaux révolutionnaires, en 1793 et en 1794, pour y élever des murmures contre tout ce que répondaient les malheureux accusés; d'autres se tenaient à la porte des prisons pour huer les condamnés qu'on conduisait au supplice. La conduite de ces cruelles femmes a quelque chose de si odieux, qu'il est impossible de l'exprimer, surtout quand on réfléchit que c'est un sexe doux et timide, dans le pays le plus policé de l'Europe, qui remplissait de semblables missions.

Lorsque le parti républicain eut résolu, en 1792, de faire la guerre à l'Autriche, les femmes de la société fraternelle furent employées à populariser cette guerre; on les envoya pétitionner à la barre de l'Assemblée, et elles lui demandèrent des armes pour faire la police de Paris, pendant l'absence de leurs frères les braves gardes-françaises, qui devaient aller combattre les despotes et les contre-révolutionnaires; elles demandèrent en même temps qu'on chargeât les braves frères de leur apprendre l'exercice avant de partir. Je ne sais pas trop en quoi consista cet exercice; mais j'ai entendu Guitton de Morveaux, ancien procureur au parlement de Dijon, qui présidait alors l'Assemblée législative, leur répondre avec beaucoup de dignité, et les comparer aux femmes les plus vertueuses de l'antiquité romaine. La pétition fut honorablement mentionnée au procès-verbal, et je ne sais pas même si les pétitionnaires ne reçurent pas l'accolade fraternelle du président.

Après le 9 thermidor, on finit comme on aurait dû commencer avec les femmes de la société fraternelle : elle furent fouettées par d'impertinens réactionnaires. Cette leçon leur imposa silence, et on n'en a plus entendu parler depuis. Je crois qu'il n'y aurait pas de meilleur moyen de renvoyer chez elles les radicales de la Tamise.

Il me reste à parler du troisième parti que, sur la fin de l'assemblée législative, on vit se développer dans le club des jacobins.

Ce parti se composait des députés girondins, et des auxiliaires qu'ils trouvèrent à Paris, tels que Brissot, Condorcet, Thomas Payne, et autres. Tous ces personnages, qui se montrèrent d'abord admirateurs exclusifs de la nouvelle Constitution, et livrèrent d'avance à l'exécration publique tous ceux qui oseraient y proposer le moindre changement, se vantèrent hautement, après le 10 août, d'être venus avec la résolution de substituer la république à la monarchie; et en effet, ce furent eux qui préparèrent avec le plus de succès l'épouvantable catastrophe. Ils laissèrent aux cordeliers le soin de renverser l'édifice dont ils avaient miné toutes les bases et brisé tous les supports; ce furent les hommes de ce parti qui forcèrent Louis XVI à déclarer la guerre à l'Autriche, parce qu'ils crurent que, dans le mouvement que produirait cette déclaration, et qu'ils se flattaient de diriger, il leur serait facile de se saisir de l'autorité souveraine, pour en faire ce que bon leur semblerait.

Pour réussir dans ce projet, ils appelèrent à eux tous les bandits, depuis Paris jusqu'à Marseille; ils allèrent en chercher jusqu'aux galères; les assassins d'Avignon, auxquels ils forcèrent l'assemblée d'accorder une amnistie; les forçats du régiment suisse de Château-Vieux, à qui ils décernèrent les honneurs du triomphe; les voleurs que l'accusateur Robesbierre faisait déclarer innocens, en considération de leur patriotisme; ceux que le maire Pétion faisait mettre en liberté pour la même cause : tels furent les auxiliaires des girondins pour établir la république; mais ils ne tardèrent pas à s'apercevoir qu'ils avaient appelés leurs bourreaux. Semblables aux constituans, qui firent fusiller une partie des misérables qui avaient outrepassé les mesures qu'ils avaient prises, pour épouvanter leurs adversaires, les girondins voulurent aussi comprimer leurs frères les brigands; mais ceux-ci furent plus forts qu'eux, et prirent leur place.

Pendant les premiers mois de la session de l'Assemblée législative, les trois partis que réunissait le club marchèrent d'accord, et il ne parut s'établir un léger dissentiment entr'eux, que lors de la déclaration de guerre. Robespierre s'y opposa personnellement dans le club avec beaucoup de chaleur, et ménagea assez peu les intrigans qui provoquaient ce désastre : obligé de céder, il garda le silence; mais sa haine ne dormit pas, et dès ce moment Camille Desmoulins, qui était alors un de ses séides, attaqua dans les journaux et les pamphlets, les brissotins, les girondins et leurs amis. Robespierre dès ce moment ne lâcha plus prise; il ne cessa pas de les poursuivre qu'ils ne fussent exterminés.

Je terminerai ce que j'ai à dire de ce club sous le règne de l'Assemblée législative, par une observation qui mérite d'être recueillie; c'est qu'à cette époque Robespierre fut peut-être le moins coupable envers la Constitution et le Roi. Je ne parle pas des antécédens et de sa conduite comme accusateur public; mais la vérité est qu'il ne prit point part à l'émeute du 20 juin : cet attentat appartient tout entier au parti girondin et au maire Pétion, qui était un de ses membres les plus utiles. Robespierre ne se mêla pas davantage de celui du 10 août; il laissa faire le club, et particulièrement le parti cordelier, qui fut chargé de l'attaque du château, avec les bandits appelés *marseillais*, partis du lieu même de ses séances; tandis que la populace du faubourg Saint-Antoine, soulevée par les déclamations du capucin Chabot et de quelques autres énergumènes, s'avançait sur les Tuileries, sous le commandement d'un Prussien nommé *Westermann.*

Quelques jours avant le 10 août, Robespierre rédigeait un journal, à la vérité assez mal fagoté, mais dont les principes étaient très-constitutionnels, dans son système : hors de la Constitution, il n'y avait point de salut. Ce journal avait une analogie parfaite avec celui qui porte aujourd'hui le titre de *Constitutionnel.* Je conseille à *la Bibliothèque historique*, qui trouve de si belles choses, de chercher le journal de Robespierre, et d'en imprimer quelques passages en regard d'un même nombre d'articles de MM. A. E. T. et compagnie. Peut-être aussi *la Bibliothèque* pourrait-elle remarquer, parmi les rédacteurs de cette feuille, quelques-uns des écrivains qui ont coopéré au journal constitutionnel de Robespierre. Je ne l'affirme pas; mais j'ai beaucoup de probabilités pour le croire.

CHAPITRE VI.

Des clubs sous la Convention.

Après le 10 août, les clubistes cordeliers et les niveleurs se rendirent maîtres de la société-mère, et en chassèrent à peu près tous les girondins ou républicains, comme ceux-ci en avaient chassé les constitutionnels sous l'Assemblée législative; de sorte que depuis cette époque, il n'y eut réellement dans le club que deux partis qui s'entendirent pour faire périr le Roi et exterminer les girondins, qui avaient généralement intention de le sauver, mais qui, par une lâcheté inouïe, votèrent avec les proscripteurs du monarque, après avoir prédit, avec beaucoup d'éloquence, les effroyables malheurs que cet attentat devait occasionner. Sous la Convention, le parti de la Gironde ne compta dans la société-mère que quelques apostats, qui abandonnèrent leur parti pour se jeter dans celui des tueurs; car il n'y eut réellement que des individus de cette espèce dans le club.

Le parti cordelier, qui dominait dans la fameuse commune après le 10 août, organisa et fit exécuter les massacres de septembre. Il est encore juste de dire ici que Robespierre n'y eut directement aucune part; seulement il se joignit aux directeurs de ces assassinats, lorsqu'ils furent commencés, et voulut y faire comprendre Brissot, l'un des chefs du parti républicain. Dans cette circonstance, il reprit tout son ascendant sur la populace, et en fut le maître jusqu'à sa mort.

Ce fut sous la direction du club que se firent les élections des députés à la Convention; maître du gouvernement, il envoya des missionnaires dans les départemens, qui dictèrent aux colléges électoraux la plupart des choix. Presque tous les individus qu'il désigna furent nommés, sauf quelques exceptions que l'histoire a déjà pris soin de faire connaître.

Ce fut ainsi qu'on vit un Prussien nommé *Cloots*, élu par le collége électoral du département de l'Oise, qui n'avait jamais entendu parler de ce vil extravagant. Sa profession publique d'athéisme fut son principal titre. Un autre athée, nommé *Thomas Payne*, chassé d'Angleterre pour ses méfaits, fut, par cette raison, imposé par le club aux électeurs du département de l'Aisne, qui certes ne le connaissaient pas davantage.

La députation de Paris, composée de vingt individus, fut formée sous les poignards de septembre; le club dicta les choix, et les fit porter sur les directeurs de ces assassinats. Il fit nommer Danton, qui les avait conçus et fait commettre; il désigna les hommes qui y avaient assisté et avaient encouragé les meurtriers, tel que Billaud-Varennes, qu'on vit au milieu d'eux, revêtu d'un costume municipal, célébrant leur dévoûment, et les excitant à continuer. Cet affreux collége électoral nomma aussi députés la plupart des membres du comité communal, appelé de *salut public*, qui, dans la circulaire si connue, invitaient les peuples des départemens à répéter les massacres qui avaient flétri la capitale, et ils y réussirent dans quelques villes.

Cette horrible députation précipita la France dans un abîme sans fond. Quelque criminelle que se soit montrée la Convention, ceux qui l'ont observée, qui ont connu plusieurs de ses membres, et je suis de ce nombre, ne nieront pas qu'elle ne soit redevable de ses plus grands attentats à la députation de Paris, et au club infernal qui avait formé cette députation. Il la fit soutenir par tous les scélérats qu'il avait ramassés dans tous les pays, et dont cette malheureuse Convention ne cessa d'être environnée. J'ai été témoin de tout cela, et je doute que, dans aucune histoire, on puisse rien trouver de pareil.

Sous le règne du club, les villes devinrent des coupe-gorges, et les forêts des lieux de sûreté. Il n'y avait plus de répression pour aucun délit; chacun pouvait piller, assassiner tout à son aise; et cependant, jamais on n'entendit moins parler de vols et de meurtres sur les grands chemins que sous la Convention. Les brigands avaient quitté leurs cavernes pour envahir nos cités; ils étaient chargés d'y faire la police, et on les voyait, aux premières loges de nos théâtres, coiffés du bonnet des galères. La plupart des comités révolutionnaires n'étaient pas autrement composés : les agens, les *missionnaires* de l'autorité étaient des brigands de cette espèce. Je souligne ce mot *missionnaires*, parce que les chefs de la révolution, à cette époque, donnaient réellement la qualification de *missionnaires* aux misérables qu'ils envoyaient dans les départemens pour piller les négocians de Bordeaux, de Lyon, de Nantes, dont l'utile profession était appelée *négociantisme*. Ils faisaient tuer les malheureux négocians pour crime de *négociantisme*, et se partageaient leurs marchandises. Tous les hommes des classes les plus élevées de la société, les plus honnêtes bourgeois, les écrivains qui avaient refusé de tremper leur plume dans le sang, étaient en prison, tandis que les brigands étaient libres, et occupaient le trône de France; ce n'était qu'en se mêlant avec eux, et en parlant leur langage, qu'on pouvait échapper à la proscription.

J'ai été prisonnier à la Conciergerie de Paris, pendant environ six mois, et je n'y ai pas vu d'autres malfaiteurs que ceux qu'on appelait les *contre-révolutionnaires*. Le peu de voleurs qui pouvaient s'y trouver, sur la fin de 1793, lorsqu'on fit de ce lieu une véritable boucherie, à la disposition de Fouquier-Tainville, furent transférés dans une autre prison, dite de *la Force*, et vraisemblablement mis en liberté dans la suite : on n'a pas entendu dire qu'ils aient été punis. Un homme de beaucoup d'esprit, qui avait été membre de l'Assemblée législative, où il siégea constamment au côté droit, avait été mis à la Conciergerie pour avoir défendu le Roi, et s'y trouvait lorsque j'y arrivai. Plus remarqué et surtout plus opulent que moi, il sentit qu'il serait inévitablement sacrifié, s'il ne trouvait pas le moyen d'écarter l'attention des révolutionnaires, qui ne manqueraient pas de se porter sur lui, si on ne le tirait d'une prison où était le dépôt des victimes qu'ils sacrifiaient chaque jour; mais comment obtenir ce changement ? Il y parvint cependant, je ne sais par quel moyen, et fut transféré à la Force. Ce n'était certainement pas chercher la bonne compagnie; mais la compagnie des voleurs était alors la bonne, et M. B*** obtint d'aller la joindre. Ce fut ainsi qu'il réussit à se faire oublier. Il jouit aujourd'hui d'une grande fortune, et d'une très-haute considération dans l'Etat.

J'ajouterai peu de choses à ce que j'ai dit de la société-mère. Il serait difficile de trouver une ogresse pareille, même dans les contes de *la Bibliothèque bleue*. L'histoire des crimes de la Convention appartient bien moins à cette Assemblée qu'à cet abominable club qui ne cessa de la dominer; elle ne prenait pas une seule mesure, elle ne portait pas un décret de quelqu'importance, elle n'ordonnait pas une action infâme, que tout cela n'eût été prémédité par le club. Les proconsuls, qu'on appelait *représentans du peuple*, craignaient plus le club que la Convention elle-même; et c'était à lui qu'ils s'adressaient, s'ils avaient quelque doute sur ce qu'ils avaient à faire.

Le terrible Comité de salut public lui-même, qui faisait arrêter un général à la tête de son armée, avait peur d'un misérable jacobin, et n'osait s'en débarrasser, lorsqu'il contrariait ses vues.

A la fin, tous ces malheureux clubistes furent eux-mêmes stupéfaits de leur puissance. Inquiets sur leurs projets, la méfiance se mit parmi eux; c'était à qui serait le plus scélérat; telle était l'émulation qui les dirigeait. Ils s'épuraient les uns les autres, c'est-à-dire que les plus audacieux chassaient les autres; et dans l'examen qu'ils faisaient de leurs exploits, ils se demandaient : Qu'as-tu fait pour être pendu, si la justice reprenait son cours? Ordinairement ceux qui étaient épurés étaient envoyés à l'échafaud. On y entendait des motions que l'enfer seul pouvait imaginer; telles, par exemple, que d'immoler tous les vieillards depuis soixante ans, et de *supprimer* le tiers de la population, attendu qu'elle était trop nombreuse pour une république démocratique. Le mot *supprimer* voulait dire assassiner huit ou neuf millions de Français, et ils se mirent à l'œuvre pour consommer cette opération, qui leur était commandée au nom de la liberté et de la république.

On a parlé dans divers ouvrages, de l'abominable déclaration faite par la Convention, au mois de novembre 1793, et portant qu'il n'y avait pas de Dieu. Cette déclaration et les saturnales connues sous la dénomination de *fêtes de la Raison*, furent une invention du club. La Convention ne fit qu'obéir ; les chefs des deux partis, Robespierre et Danton, n'osèrent pas eux-mêmes s'opposer à ces infamies qu'ils n'approuvaient pas, parce qu'ils commençaient à se méfier l'un de l'autre, et craignaient, en frappant les athées, de s'aliéner des hommes qui, dans le combat, pouvaient décider la victoire.

Enfin, pour faire cesser un état de choses aussi horrible, Robespierre fit sa fameuse déclaration, qu'on inscrivit particulièrement sur le frontispice des anciennes églises. Ce fut ainsi qu'il se brouilla avec une partie de ses frères, dont il avait fait périr un assez grand nombre.

Au 9 thermidor, ce qui lui en restait le défendit; mais ceux qui en avaient été expulsés se concertèrent : il fut immolé, et le club perdit sa puissance, et s'affaiblit de plus en plus, malgré la terreur qu'il inspirait encore.

Les hommes sortis des prisons, et dont plusieurs étaient gens de courage, se mirent à la tête de la jeunesse, et le repoussèrent dans son antre : il en fut enfin chassé, lors du procès de l'affreux

Carrier, dont il avait embrassé la cause. Legendre, l'un de ses membres, qui en avait été expulsé peu de temps avant la catastrophe, ferma les portes de la caverne, et en apporta les clefs à la Convention. Le local où il siégeait fut démoli : une très-belle halle a pris sa place. Telle fut la fin de ce club, dont les principes subsistent encore, et qui jusqu'à ce jour a cherché à se reproduire sous différentes formes.

CHAPITRE VII.

Des clubs jusqu'au 18 brumaire.

Les clubs ne reparurent plus sous la Convention ; un grand nombre d'individus qui y avaient siégé furent, à leur tour, emprisonnés ; mais à la fin de leur session, les conventionnels se voyant vivement pressés par les royalistes, ouvrirent les prisons à leurs anciens adversaires, et triomphèrent par leur secours et l'assistance des soldats et de Buonaparte, le 13 vendémiaire, qui fit la fortune de ce général. Après leur victoire, ils se nommèrent eux-mêmes, pour les deux tiers, membres de la nouvelle législature, et appelèrent quatre régicides pour composer le Directoire ; le cinquième avait donné son assentiment à cet assassinat, mais n'avait pas voté. Dans la nouvelle Constitution, on n'avait rien statué sur les clubs. Aussi, à peine le Directoire fut-il mis en activité, que ces sociétés se reformèrent, et ce fut encore dans un ancien couvent de religieux qu'elles s'établirent (1). Il n'y avait plus de royauté à détruire et d'aristocrates à persécuter : quel pouvait donc être l'objet de leurs attaques? Leurs anciens amis étaient maîtres du pouvoir : elles avaient conquis cette république, pour laquelle tant de crimes avaient été commis, et l'on avait fait tant d'horribles sacrifices; que pouvaient désirer les clubs? Le désordre, le bouleversement même de leurs propres institutions. N'ayant plus d'ancienne autorité à combattre, ils s'en prirent à la nouvelle, qui était leur ouvrage : ils attaquèrent le Directoire, et tâchèrent d'ameuter les soldats contre cette puissance; mais ils ne réussirent pas : ils se firent sabrer, fusiller, envoyer à l'échafaud, et furent réduits à des conspirations sourdes qui ne réussirent pas mieux. La haute-cour de Vendôme en fit justice. Que vit-on alors? Le Directoire chassa de Paris tous les aventuriers que ses membres et leurs amis avaient appelés des départemens et des bagnes mêmes, pour renverser le trône : mais la scène changea presqu'aussitôt. Ils étaient à peine en route, qu'il leur fit signe de revenir, et ils reparurent une seconde fois, pour l'odieux coup d'état du

(1) Le couvent de Sainte-Geneviève.

18 fructidor : il favorisa le rétablissement des clubs pour la même opération, et l'on vit tout à coup le club de Salm, ou cercle constitutionnel, sortir des ruines des jacobins. On sait comment ce cercle constitutionnel justifia son titre. Je laisse à M. Benjamin Constant le soin d'en faire l'histoire; c'est un sujet qui lui appartient.

Après la révolution du 18 fructidor, le directoire n'était plus qu'une faction coupable ; et les membres des conseils qu'il avait épargnés, étaient sans pouvoir légal; tout ce qu'ils décrétaient était nul, et n'emportait point obéissance (1); ce n'était plus que deux véritables clubs, dont on pouvait, en sûreté de conscience, repousser toutes les délibérations. C'était dans un tel état de choses que les citoyens, n'ayant plus de gouvernement qu'ils pussent reconnaître, avaient le droit de se former en sociétés particulières pour se garantir, autant que possible, des malheurs de l'anarchie; mais ce ne fut point dans ce but que les clubs, encore une fois dissous, tentèrent de se rétablir : c'était aux horreurs de 93 et de 94 qu'ils voulaient revenir ; et en effet, on vit reparaître, dans la société

(1) Ces principes ont été posés par l'abbé Syeyes, l'un des membres de ce Directoire.

dite du *manège*, les épouvantables figures qu'on avait remarquées dans le club des jacobins, sous le règne de Robespierre; on y entendit répéter les mêmes phrases et poser les même principes; mais ces projets odieux furent déjoués. Il s'était trouvé parmi les clubistes de toutes les époques, des hommes adroits qui s'étaient servis de ces sociétés pour arriver à la fortune, et parvenir au pouvoir; ils sentirent bien que si les clubs reprenaient leur influence, ce serait pour leur faire perdre ce qu'il leur avait fait obtenir. Ils réussirent à soulever contre les clubs le peuple que ces réunions avaient tant de fois soulevé, et ils chassèrent les clubistes du manège, comme ils avaient chassé ceux de la rue Saint-Honoré. Quoique ces hommes n'eussent agi que dans leurs intérêts, on ne doit pas moins leur en savoir gré, car ils délivrèrent la France d'un des plus épouvantables fléaux qu'elle ait éprouvés depuis son existence en corps de nation.

Buonaparte arriva, et se saisit du gouvernement, d'une main vigoureuse. Je ne ferai ni sa critique ni son apologie : il m'a rendu, sans me connaître, ma patrie, dont des misérables m'avaient chassé; et je ne le maudirai pas dans son malheur.

CHAPITRE VIII.

L'appel, ou la nouvelle formation des clubs.

Après vingt années d'absence, les clubs reparaissent; depuis la ruine du dernier, en 1799, je croyais qu'il n'en serait plus question que dans l'histoire. Combien je me suis abusé ! Je les revois plus audacieux que jamais. C'est ainsi que la politique tourne sur elle-même, comme la terre sur son axe. *Multa renascentur quæ jam cecidere...*

En 1789, époque à laquelle les ressuscités semblent rattacher leurs pensées et fixer la chaîne de leurs opérations futures, de brillans équipages conduisaient les frères et amis à la société-mère. Hélas! en 1793, ils ne s'y rendaient plus qu'en bonnets rouges, en carmagnoles et en sabots. Quelle épouvantable dégradation !

Comment en vil métal l'or pur s'est-il changé?

En 1819, c'est aussi en élégantes calèches, en dormeuses nonchalantes, et en impétueux wiskis que les nouveaux frères arrivent au mobile chef-lieu de leurs séances. Un jour viendra peut-être où l'on n'y verra plus que d'horribles bonnets de Brest, des carmagnoles et des pieds nus à la Chabot (1). *Hoc deus omen avertat.* Malheureusement la corneille de gauche ne cesse de faire entendre ses croassemens,

Sæpè sinistra cavâ, prædixit ab illice cornix;

et il n'est encore arrivé que des malheurs de ce côté-là. On y crie *à la liberté!* et je vois, à l'extrémité de l'horizon, s'amonceler et grandir les ténèbres de l'esclavage.

En 1789, de loyaux chevaliers français, de riches banquiers, d'utiles négocians tenaient le haut bout, et donnaient le ton à la société-mère, et en 1792, la société-mère faisait tuer, dans les prisons de septembre, les chevaliers, les banquiers et les négocians qu'elle avait portés sur son sein. Quand elle ne put les saisir, la bonne mère mit leur tête à prix; et en 1793, elle envoyait les négocians à l'échafaud, pour crime de *négociantisme* (2).

(1) Chabot, très-indigne capucin et très-digne député à la Convention, y venait tout décolleté, en veste et les pieds nus : il était, à cette époque, un des orateurs les plus habituels de la société-mère.

(2) *Voyez* les Mémoires de Courtois. Les personnes

En 1819, je remarque aussi plusieurs chevaliers français, des héritiers même de nos antiques paladins dans le club mobile; j'y vois de puissans propriétaires, des banquiers chez lesquels roule le Pactole, et des négocians dont les marchandises parcourent toutes les mers et toutes les routes; ces honorables personnages tiennent aussi le haut bout dans la société des amis de la liberté de la presse; ce sont encore eux qui y donnent le ton, qui font servir les bols de punch, les biscuits, les petits gâteaux et les brioches; mais je vois parmi ceux qui vident les bols et qui dévorent les brioches, des figures de 92, de 93, de 94, de 97 et de 99, qui bientôt ne se contenteront pas de ces collations. D'après une composition de cette nature, qui me garantira que, dans le mouvement qu'ils provoquent avec tant d'imprudence, les chevaliers, les banquiers et les négocians ne seront pas renversés par les dangereux auxiliaires qu'ils ont appelés? Qui m'assurera que des galériens de Brest et des assassins d'Avignon ne viendront pas leur faire la loi, trois ans après, en 1822,

---

chargées de faire punir ces singuliers crimes, m'entendent. Elles ont peut-être été membres de la Société des amis de la liberté de la presse.

comme cela est arrivé trois ans après, à leurs devanciers, en 1792, et plutôt peut-être? Qui me donnera la certitude que de nouveaux monstres, démuselés par leur philanthropie, et dirigés par un nouveau club des cordeliers, ne viendront pas, avec leurs épouvantables bûches, les assommer, eux et moi, dans de nouvelles prisons de septembre, et qu'après l'épuration, les frères épurateurs n'enverront pas leurs frères épurés à l'échafaud, pour crime de modérantisme ou de négociantisme? Qui garantira à la France le trône tutélaire sans lequel elle ne peut exister, lorsque je vois ceux auxquels sa protection est le plus nécessaire, saper en 1819, comme en 1789, les fondemens sur lequel il repose, et briser toutes les colonnes qui en font la splendeur et la force? Nous mourrons, disent de braves gens, plutôt que de souffrir de pareilles horreurs. Beaucoup sont morts, sans doute, dans les combats précédens; mais il ne faut pas en chercher le plus grand nombre parmi ceux qui criaient le plus haut *nous mourrons*. D'ailleurs, le sacrifice que quelques-uns ont fait de leur vie, n'a pas empêché les autres d'être assassinés.

Les libéraux, ou ceux qui prennent ce titre si peu mérité, et au surplus si équivoqué, veulent une république, je le sais; mais s'ils pouvaient jamais établir ce gouvernement, impraticable dans un pays tel que le nôtre; impraticable, à une époque de la civilisation où toutes les républiques finissent; impraticable, par la position de la France dans le cœur de l'Europe, où elle est cernée par les plus puissantes monarchies; leur république les aurait bientôt dévorés, comme cela est arrivé aux pauvres Girondins, qui ont fait la même tentative. Mais en supposant même qu'elle les laissât régner quelques années, ce que je ne crois pas possible, toutes les puissances continentales et d'outremer, qui ont payé si cher la première tentative, ne prendraient-elles pas de nouveau les armes pour la détruire? Que deviendrait alors la France, déchirée par ses propres habitans, pressée de toutes parts par un million de soldats? Elle ne serait alors que ce qu'elle a déjà été, un théâtre d'horreurs. Et pourrait-elle exister encore, après un tel bouleversement? Il y a tant de raisons pour faire croire à la négative, qu'on ne peut y penser sans effroi. Mais laissons-là ces funestes idées, et revenons à la composition du club qui les a fait naître. Faisons l'appel des sociétaires. Par une singularité frappante, on y trouve des frères, des associations de même nature, depuis le club breton en 1789, jusqu'au club du manège en 1799 : on y trouve même jusqu'à des théophilanthropes qui n'étaient autre chose qu'un résidu honteux du club de 1793. Il semble que tous ces frères se soient fait réciproquement appel pour se donner rendez-vous chez MM. F.....s et G...n. On y rencontre, au moins comme affilié, un ancien du club breton, M. le comte L..... Si une conformité de nom ne me trompe pas, j'y retrouve un habitué du petit club présidé par la fille Théroigne Méricourt. Dans quel cloaque ces messieurs ne vont-ils pas chercher des auxiliaires ?....

M. le président, ou, ce que je crois la même chose, la personne chargée de mettre de l'ordre dans les conversations constitutionnelles, pour ne pas dire les délibérations inconstitutionnelles, est M. le ch... de L..., l'un des hommes qui, en 1789, eut le plus d'influence dans la société-mère, dont il connaissait parfaitement les affiliations. On y remarque M. Laf....., qui a aussi appartenu au même club, et fut l'un des fondateurs de celui de 89, qui tenait ses séances dans une des maisons du Palais-Royal, aujourd'hui métamorphosée en tripot. C'est de là que partit le fameux chant civique *ça ira*...... Pour la fin de 91 et pour 92, on y trouve au moins comme affiliés M. Grégoire et ses amis; pour 93, 94 et les cordeliers, MM. R..., T... et J....., et autres parfaitement connus dans le cabinet du journal *le Constitutionnel*. Nous ne les nommerons pas, de crainte de nuire à la considération dont ils jouissent.

Nous y avons reconnu, du club de Salm, ou cercle constitutionnel, MM. B. C. et le père D...; l'un et l'autre membres de la Chambre des députés, et constitutionnels, conservateurs de la Charte en 1819, comme ils le furent de celle de l'an 3 en 1797, lors des évènemens du 18 fructidor.

Enfin, pour prouver que le nouveau club n'a oublié personne des anciennes sociétés délibérantes, on y trouve jusqu'à de pauvres feuillans, entr'autres l'excellent M. de Lacretelle aîné, qui imagina pour la bonne société feuillantine, la devise suivante : *La Constitution, toute la Constitution, rien que la Constitution*, comme il répète aujourd'hui : *La Charte, toute la Charte, rien que la Charte*. Malheureusement ce que les libéraux tiennent le moins aujourd'hui, et depuis trente ans, c'est leurs sermens et leurs paroles. Ce n'est pas pour M. de Lacretelle, dont j'honore l'honnêteté et respecte la bonhomie, que je dis cela; je n'entends parler que de la fidélité aux devises. Comme les clubistes de la révolution, les nouveaux frères ont introduit dans leur société tous les pamphlétaires qu'ils ont pu réunir ; et je ne doute pas que beaucoup d'intrigans ne briguent l'honneur d'y siéger ; peut-être y sont-ils déjà ; car c'est un moyen de fortune qu'un club politique; il n'y a rien à perdre, et il peut y avoir beaucoup à gagner.

CHAPITRE IX.

La comparaison.

En 1789, le club des jacobins eut pour ses fondateurs une trentaine de députés qui s'occupaient dans leur réunion des moyens de forcer leurs collègues à faire triompher le système qu'ils avaient embrassé. Ces trente députés avaient établi, pour populariser leurs mesures, un journal qu'ils appelaient *Journal des Amis de la Constitution,* dont l'idée leur avait été fournie par les bons effets produits en Bretagne par la *Sentinelle,* dont j'ai parlé plus haut. Le *Journal de la Société des Amis de la Constitution* ne parlait que de liberté et de Constitution; c'était à n'en plus finir, et il ne fit obtenir ni liberté ni Constitution, mais précisément tout le contraire. Ces trente députés, lorsqu'ils arrivaient à l'Assemblée avec les provisions d'esprit révolutionnaire qu'ils avaient faites dans le club, se plaçaient à l'extrémité gauche de la salle, et y soutenaient leurs motions et leurs amendemens avec une telle violence, faisaient un tel tapage, persistaient dans leur dire avec une telle opiniâtreté, que l'Assemblée, fatiguée de leurs cris, et quelquefois intimidée par les émeutes qu'ils appelaient à leur secours, finissait par leur céder. C'était ainsi que l'acte révolutionnaire, souvent le plus désastreux, se trouvait consommé; ce fut par ces moyens, presque chaque jour répétés, que la monarchie, même constitutionnelle, fut perdue sans ressource.

En 1819, le club des amis de la liberté de la presse compte aussi pour principaux sociétaires un certain nombre de députés à la Chambre. Ces députés élaborent, dans leur réunion, les projets de lois favorables à leur système; ils ont aussi, pour les populariser, un journal qui leur est particulièrement dévoué; ils en ont même plusieurs, tels que *la Minerve* et autres. Ces journaux ne parlent aussi que de liberté et de Constitution; ils ne cessent de remâcher ces expressions, comme les animaux ruminans ne cessent de rebroyer la pauvre nourriture qu'ils rappellent de leur double estomac. *La Minerve* et ses amis nous donneront-ils la liberté et la Constitution? Je crois tout le contraire : je suis convaincu, et par l'expérience des doctrines qu'ils professent et par la conduite qu'ont tenus quelques-uns d'entr'eux à la première époque, et qu'ils tiennent encore à la seconde, que si, à force de manœuvres et d'intrigues, ils devenaient maîtres du pouvoir, cette liberté si promise et tant de fois jurée, ne serait autre que celle dont nous a gratifiés le *Journal des Amis de la Constitution*. Si la Charte est détruite, c'est par eux et leurs amis qu'elle le sera. Je sais ce que valent ces mots dans leur bouche : *Nous mourrons pour la Charte.* Ils mourront pour la Charte, comme leurs testateurs sont morts pour la Constitution. Ils ne mourront pas, ils feront tuer.

J'ai dit qu'un certain nombre de députés clubistes arrivaient à l'Assemblée de 1789 avec les provisions de politique révolutionnaire qu'ils avaient faites dans la société-mère. La même manœuvre se fait pour la Chambre des députés. Ceux qui ont préparé leurs armes dans le club des amis de la liberté de la presse, se placent aussi, en 1819, à l'extrémité gauche du lieu (1) de leurs séances : ils y font le même bruit que les députés révolutionnaires des anciennes assemblées; et c'est par des mouve-

(1) On entend, par la gauche des assemblées délibérantes, la partie de la salle où siégent les députés qui se placent à gauche du président.

mens impétueux qu'ils cherchent à emporter les résolutions qu'une délibération calme et mesurée ne pourrait leur faire obtenir. On dirait qu'en 1819, ils visent au même but que les trente voix signalées par Mirabeau (1). Y parviendront-ils? Je l'ignore. Il est vrai que les chances ne leur sont pas aussi favorables qu'à ceux qu'ils ont pris pour modèles. La séduction n'est plus aussi facile, parce qu'elle présente moins d'attraits; ils n'ont pas encore d'émeutes populaires à leur disposition; et j'aime à croire qu'ils ne les désirent pas, bien que ceux qui se disent chargés de leurs intérêts ne négligent rien pour leur procurer ce genre d'auxiliaires. Espérons, pour la sûreté de ces députés eux-mêmes, qu'ils n'y parviendront pas; car je crois que de tels délibérans les embarrasseraient fort. Ce sont de dangereux amis que les chefs du plus saint des devoirs! ils sont très-exigeans, surtout avides d'espèces métalliques; et quand on ne leur en fournit pas assez, ils savent, en vertu de la souveraineté du peuple, en prendre où il y en a; les anciens du club des Cordeliers

---

(1) Sous les premières assemblées, les députés révolutionnaires se levaient brusquement en frappant du pied de toutes leurs forces.

peuvent donner, à cet égard, d'utiles instructions à leurs nouveaux frères.

En 1789, les frères et amis, comme je l'ai dit plus haut, établirent un comité indicateur des nominations à faire par les colléges électoraux et pour les diverses fonctions publiques; ce comité rédigeait en même temps des modèles de pétitions qui devaient revenir revêtues de signatures, soit à la société-mère, soit à l'Assemblée. Les députés clubistes étaient chargés de les présenter. Il y avait même, parmi les frères, plusieurs individus plus habiles ou plus sophistes que les autres, qui étaient particulièrement occupés de ce travail.

Eh bien! c'est précisément le même système en 1819; nous voyons un comité chargé d'indiquer les nominations, de rédiger les pétitions, et des députés clubistes désignés pour les présenter et les faire valoir. Nous voyons aussi des personnages qui remplissent la même tâche, et font dans leurs pamphlets l'appel aux pétitionnaires, leur commandent des évolutions, comme un capitaine à ses grenadiers. C'est le service dont s'est chargé M. B. C., lors de la résolution des Pairs, sur la proposition de M. Barthélemy, et qu'il renouvelle aujourd'hui pour le même objet. L'honorable député a abandonné la ligne droite de perfectibilité qu'une belle dame lui avait indiquée; il est obligé de suivre la courbe circulaire : il n'en sortira plus. Il est un autre trait de ressemblance, non moins frappant entre les anciens clubistes et ceux d'aujourd'hui, surtout dans les circonstances actuelles.

Sur la fin de sa session, l'Assemblée constituante s'étant aperçue des innombrables défauts de l'Acte constitutionnel qu'elle venait de terminer, resta convaincue que si elle le livrait, en cet état, à une nation agitée par les passions les plus violentes, cette Constitution ne serait que ce qu'elle fut effectivement, le champ de bataille de l'anarchie et la proie des démagogues; elle résolut donc de lui donner plus de consistance, et décréta qu'elle serait revisée. Les clubistes voyant qu'on voulait leur arracher leur pâture, et empêcher de couler le sang dont ils avaient soif, jetèrent les hauts cris. Au nom du mot de *revision*, ils répandirent l'alarme partout; et les plus épouvantables factieux créèrent la faction des reviseurs : elle fut livrée par eux à la malédiction populaire, c'est-à-dire aux poignards des assassins; et en effet, les plus remarqués de ces reviseurs furent envoyés à l'échafaud, non pas pour avoir revisé, car ils ne revisèrent rien ou presque rien, mais seulement pour en avoir eu la pensée.

On voit aujourd'hui précisément la même chose. Le Roi et son Gouvernement, enfin convaincus par la plus palpable expérience, qu'une certaine loi rejetera de nouveau la nation dans un cahos d'anarchie, détruira le trône, et la reportera sur les tréteaux de la république, veulent réformer cette loi qui cause tant d'alarmes, ou demander au moins des changemens à ses dispositions reconnues defectueuses. Eh bien! les clubistes du jour, dociles imitateurs de ceux dont ils sont les légataires, n'ont pas plutôt entendu qu'on voulait leur enlever les bénéfices futurs et ceux que leur a déjà procurés leur chère loi, qu'ils ont jeté les hauts cris.

C'est le même mouvement qu'en 1791; ils proscrivent par anticipation en 1819, ceux qui veulent modifier la loi des élections, comme les jacobins de la première époque proscrivirent les reviseurs de leurs temps, avant qu'ils eussent rien revisé; mais alors le *peuple était là*, pour me servir de leur expression; *il était à toute la hauteur des circonstances*, et aujourd'hui, comme l'a dit M. de Chauvelin, il a donné sa démission; d'ailleurs, il s'aperçoit fort bien qu'il ne s'agit ici que des intérêts de quelques intrigans, et que, dans ce procès, il est absolument hors de cause. Il sent que cette opposition qui fait tant de bruit vient d'une aristocratie secondaire, et par conséquent contre nature, que cherchent à former des ambitieux courant après la fortune, et qui, pour monter plus haut, veulent s'élever sur ses épaules.

CHAPITRE X.

Des institutions religieuses et civiles aux deux époques.

Deux sortes d'institutions dérivant l'une de l'autre et devant se prêter un indispensable appui, sont nécessaires à la conservation des royaumes et des républiques : la religion, qui établit les rapports de l'homme avec son Créateur, et la Constitution politique, qui est la base convenue de son association avec ses semblables.

La religion précède la civilisation des peuples ; c'est elle qui la commence, la perfectionne et la continue : elle s'identifie avec elle, et leur existence est commune. La religion n'est ni dans l'Etat ni hors de l'Etat ; elle y est inhérente, et ne peut en être séparée sans que l'Etat périsse.

On peut concevoir la religion sans civilisation ; c'est ce qu'on a vu dans le Paraguai, et qu'on voit encore dans quelques contrées de l'Amérique, où elle prépare les peuples sauvages à l'état de société ; mais il n'est point d'exemple d'une nation civilisée sans une religion quelconque. Il était réservé à des hommes qui ont donné à la France des lois qu'elle exécute encore, de mettre en pratique un système jusqu'à ce jour inconnu dans l'univers. C'est peut-être un des dogmes de cette perfectibilité qui ne doit point avoir de terme.

Quant à nous, qui n'abandonnerons point les dogmes évangéliques pour ceux de la nouvelle philosophie, nous continuerons de penser que la religion est au corps social ce que l'âme est à l'individualité physique. Sans la présence de l'âme, principe du mouvement qu'on appelle *la vie*, ce mouvement cesse, l'individualité se dissout, et va se confondre avec la poussière dont elle fut formée; de même l'état social touche à sa fin, quand la religion n'en est plus le principe moteur et le moyen conservateur. La philosophie s'en empare, *sape à petit bruit*, dit J.-J. Rousseau, *ses principaux fondemens*, l'altère, le décompose, le détruit jusque dans ses plus fugitifs élémens : alors les sujets n'ont plus de conscience, les sermens sont l'arme du mensonge, et ne sont utiles qu'à la perfidie; plus de confiance dans les lois, car elles n'ont plus leur véritable sanction. Malheureuse, et continuellement tourmentée, la vertu se dégoûte d'elle-même; elle languit au fond des cœurs, et n'a plus d'empire sur les actions humaines; l'indifférence, triste avant-courrière de la mort, la remplace; les sentimens les plus honorables s'éteignent; les liens qui unissent les hommes entr'eux se relâchent de toutes parts, et leur correspondance est détruite; le crime cesse d'être poursuivi par l'horreur qu'il inspirait, et les déplorables humains, devenus étrangers les uns aux autres, s'assassinent sans pitié pour quelques intérêts temporaires; on ne voit plus que des guerres civiles, des proscripteurs et des bourreaux; et ce qui échappe à leurs fureurs s'enfuit dans les forêts, qui furent, dit-on, l'asile des hommes dégénérés.

Dans ces ténébreuses retraites, il n'y a plus ni monarchies ni républiques: les peuples dont elles étaient formées deviennent des hordes de sauvages qui, pour suppléer à la nourriture qu'ils ne peuvent se procurer, se dévorent les uns les autres. N'est-ce pas le chemin que nous a fait prendre la régénération commencée sous les auspices de la philosophie nouvelle? En 1793 et 1794, nous avions déjà fait une grande partie du voyage: nous touchions à l'époque épouvantable que je viens d'indiquer; tous les antécédens étaient franchis; il n'y avait plus que l'affreux banquet à préparer : que dis-je? il était déjà prêt, et l'on prétend que des convives y ont été appelés. Voici ce qui m'a été raconté par une personne digne de foi, que cependant il m'est impossible de croire. Mais que répondre à quelqu'un qui vous dit affirmativement : Voilà ce qui m'est arrivé?

Cette personne, que j'ai beaucoup connue, et qui sans contredit ne fut point ennemie de la révolution, mais incapable d'en approuver les horreurs, s'était enfuie de Paris, déguisée en marchand porte-balle. N'osant s'arrêter nulle part, elle voyageait continuellement en vendant du fil et des aiguilles, dans les petites villes et les villages. Arrivée dans une hôtellerie d'Orange, à l'époque où cette cité était une des plus horribles tueries de nos régénérateurs politiques, on lui servit pour son souper, en guise de rouelle de veau, une portion de l'*humerus* d'un homme que le tribunal révolutionnaire venait de faire assassiner avec une multitude d'autres. Cette personne, poussée par un très-grand appétit, en mangea plusieurs morceaux; mais enfin un goût étrange lui souleva le cœur : elle repoussa l'horrible repas, et apprit depuis que le bourreau d'Orange vendait de la chair humaine, et qu'il trouvait des acheteurs.

Dans la journée du 10 août, deux furieux que je ne nommerai pas, quoiqu'ils n'existent plus, firent brûler dans de l'eau-de-vie le cœur d'un Suisse qu'ils venaient de tuer, et le mangèrent. Dans la prison du Luxembourg, où j'ai été détenu, j'ai vu des individus qui avaient appartenu au club des cordeliers, se nourrir de chair crue; le sang ruisselait de leur bouche, et ils se plaisaient à donner ce spectacle aux contre-révolutionnaires et aux aristocrates.

Lorsqu'on voit reproduire les doctrines qui ont enfanté ces atrocités, on est glacé d'effroi, et l'on ne peut se défendre de je ne sais quel sinistre pressentiment qui attriste l'âme, quand d'heureux évènemens devraient lui rendre le calme et la paix. Les attaques contre la religion sont surtout ce qui afflige le plus. Il semble que l'on veuille laisser les malheureux sans espoir.

Dans le principe, on a voulu faire en France une révolution à l'instar de celle d'Angleterre, et, depuis l'entreprise, on n'a pas cessé de comparer celle de France avec son modèle. Sans doute elles se ressemblent beaucoup; mais il est cependant une différence capitale qui, je crois, n'a pas été assez remarquée. Je l'ai signalée il y a dix-neuf ans, dans un autre ouvrage.

« Un parti de révolutionnaires anglais, di-
« sais-je alors, avait bien essayé de substituer « la simplicité des dogmes naturels à la doctrine « d'une religion sociale, c'est-à-dire de re- « monter à l'état de nature, au lieu de conti- « nuer l'état de société; mais les philosophes « anglais n'étaient pas encore assez *perfectibi-* « *lisés* pour faire triompher de semblables idées. « Le législateur de la Grande-Bretagne se con- « tenta de déplacer les bases de sa morale; il « n'entreprit point de les détruire : il réforma « sa religion; mais il n'en détruisit point le « principe : il changea la direction de l'arbre, « mais il ne le déracina pas.

« Le Dieu qu'on adora fut toujours le même; « et ses commandemens, toujours en harmonie « avec les lois humaines, continuèront d'en as- « surer l'exécution, par la crainte des mêmes « supplices et l'espoir des mêmes récompenses. « Le gouvernement qui s'éleva enfin au-dessus « des troubles publics, protégea la nouvelle « doctrine, et l'identifia avec sa Constitution. »

Les révolutionnaires anglais étaient des fanatiques religieux, et les révolutionnaires français sont des fanatiques philosophes. Si l'histoire compare les deux systèmes, sans doute elle n'oubliera pas cette différence. Les fanatiques anglais croyaient à une religion positive, ou au moins cherchaient à le persuader; et pour associer les peuples à leurs crimes, ils s'associaient eux-mêmes à la divinité, et affectaient de marcher sous son égide. Les fanatiques français, plus francs peut-être, mais sans contredit plus maladroits, ne s'appuyèrent que de leurs fureurs, qui ne devaient pas être longtemps partagées par les peuples abusés. Ils ne pouvaient pas même rester chefs de faction; car il faut aux factions elles-mêmes, des principes quelconques qui leur donnent une apparence de solidité; et les leurs étaient ceux du néant.

Un auteur philosophe que j'ai déjà cité, et dont les révolutionnaires français ne rejeteront pas les oracles, J.-J. Rousseau, prétend que si le fanatisme religieux détruit quelquefois, il n'est pas moins vrai qu'il réédifie toujours, tandis que le misérable fanatisme de la philosophie nouvelle décompose tout, sans jamais rien réédifier.

Encore quelques mots sur les révolutions des deux pays, considérées quant à leur moralité. Je suis obligé d'être court, et ne peux énoncer que quelques idées générales : je laisse à d'autres le soin de les développer, si toutefois elles méritent de l'être.

Le législateur anglais qui s'éleva au-dessus des désordres politiques, fit tous ses efforts pour ramener les principes religieux à l'unité, et ce système n'est point abandonné. Sous ce rapport, il n'a pas encore cru devoir prendre les lumières du siècle pour guide; il a senti et il persiste à croire que l'unité religieuse est le moyen plus efficace de ramener les opinions et les intérêts à un centre commun, et par conséquent de faire régner la paix dans l'empire et dans les familles.

En France, on a suivi et l'on veut suivre un système tout contraire. Ce n'est point à former l'unité religieuse, mais à la décomposer le plus possible, qu'on s'est continuellement attaché. Le législateur anglais a eu pour but de maintenir dans toute sa force la religion qu'il professe. En France, c'est l'inverse qu'on a imaginé; on ne veut pas plus de religion fausse que de religion vraie; c'est de les détruire toutes qu'on s'est occupé. Je n'ose pas dire qu'on s'en occupe encore; mais on a cependant beaucoup de raisons de le craindre. Pour compléter ce bel œuvre, c'est la religion du plus grand nombre, celle qui compte plus de vingt-cinq millions de Français, qu'on a proscrite; et si aujourd'hui on n'ose pas encore la proscrire aussi hautement, on l'insulte librement chaque jour, dans la personne de ses ministres; on répand l'odieux sur leurs travaux et le ridicule sur les cérémonies de son culte, en réservant une vénération et un respect hypocrites pour toutes les autres, qu'on a soin d'élever à son niveau. Cependant la loi fondamentale qui paraît être l'objet des soins universels, l'a reconnue pour la religion de l'Etat. Cette prérogative n'en impose point; on ne veut pas plus de prérogative religieuse que de prééminence politique. Les prétendus libéraux n'osant avouer encore qu'ils veulent faire de la nation française un peuple d'athées ou de déistes, admettent également toutes les religions, quelles qu'elles soient, afin qu'il n'y ait qu'indifférence pour toutes. Ils admettraient jusqu'à la religion de Teutatès; car s'il n'y a exclusion pour aucune, il y aurait nécessairement admission de celle-là, s'il prenait envie à quelque nouveau Gaulois de la rétablir; et qui sait si cela n'arrivera pas : la révolution a donné naissance à tant de Teutatès, qu'il ne serait pas surprenant de voir reparaître sa doctrine.

Voilà où nous en sommes; et que peut-on attendre des manœuvres qui nous ont conduits dans un tel labyrinthe ? Une indifférence générale pour les choses les plus saintes, comme je viens de le dire, des idées vagues sur les principes qu'il importe le plus à tous les peuples de croire et de professer, le désespoir enfin au lieu de l'espoir.

Cependant cette religion, l'objet de tant de haine, est, par son immobilité, l'ancre de salut à laquelle se rattache la civilisation de l'Europe. Si elle n'existait plus, les différentes sectes qui se sont séparées d'elle seraient bientôt entièrement abandonnées. La philosophie moderne, à laquelle elles ont déjà fait tant de concessions, terminerait leur décomposition sans beaucoup de résistance : déjà nos feuilles publiques les invitent à s'entendre avec elle, et à marcher d'acccrd; elles n'y marcheraient pas long-temps; et, le lendemain du traité, leurs pasteurs ne seraient pas mieux traités que nos curés; il n'y aurait pas plus de temples que d'églises, et le peuple n'irait pas même adorer Dieu sur les lieux élevés.

DES INSTITUTIONS CIVILES.

Le gouvernement représentatif est la principale des institutions civiles qui doivent nous régir; elle en est en même temps le type et le régulateur.

Ce système, que Montesquieu dit avoir été trouvé dans les bois, est sans doute une des belles conceptions de l'esprit humain; ce qui prouve que les hommes des bois n'ont pas eu moins de génie que les philosophes. Mais pour que ce beau système puisse développer tous ses avantages, plus d'une condition est nécessaire.

Supposez un législateur individuel ou collectif qui connaisse parfaitement le terrain sur lequel il doit opérer, qui sache que par sa nature, ce gouvernement met toutes les opinions et même toutes les passions en mouvement, et qui par conséquent devra craindre qu'il ne les divise. Que fera ce législateur, surtout s'il est Français? Il fera des lois fortes pour neutraliser cette tendance dangereuse; il reconnaîtra et fortifiera le pouvoir du monarque héréditaire qui a voulu identifier ses antiques prérogatives au nouveau gouvernement; car s'il faut des lois fortes pour régier un peuple nombreux, tourmenté par mille passions, et répandu sur un territoire d'une grande étendue, il faut aussi que le monarque ait le plus grand pouvoir pour les faire exécuter.

Mais ce grand pouvoir ne se compose pas seulement du droit de commander à de grandes masses militaires et d'en faire mouvoir toutes les divisions et tous les régimens à volonté; il ne consiste pas non plus à nommer à tous les emplois de l'Etat, car le droit de commander à tant de soldats, de distribuer tant d'emplois, d'élever tant de fortunes, peut passer en un clin-d'œil au premier audacieux qui, par quelque combinaison machiavélique, parviendra à devenir le plus fort. La force physique est sans doute une des sauve-garde des princes, et sûrement dans les temps où nous vivons, ils ne doivent pas la négliger; mais malgré son apparente vigueur, elle est cependant la plus faible ou au moins la plus incertaine de toutes. Il en est une autre qui ne dépend point des circonstances, et ne peut-être subordonnée aux évènemens, c'est l'amour et le respect héréditaires des peuples pour leurs souverains. On ne la cherchera pas dans les décombres des révolutions : ce n'est pas là qu'elle a pu trouver un point d'appui. On sait qu'il n'est guère possible d'y ramasser autre chose que les élémens du désordre et de la perversité. Il faut donc reprendre les choses de plus haut, et, je le répète encore avec Montesquieu, *ré-*

monter aux anciennes institutions, pour remonter à la vertu. Or, la vertu qui, dans l'idée qu'elle représente, renferme tous les principes de la force et du bonheur publics, a sa source dans les bonnes mœurs, qui sont l'habitude de pratiquer tout ce qui est bon et utile, et l'habitude ne s'improvise pas. S'il s'est échappé dans le cours de la révolution quelques principes dont l'application produit un résultat avantageux, ce n'est certainement que par exception, et ce n'est pas par les exceptions qu'il faut établir la règle.

N'allons donc point chercher dans la révolution les principes et les institutions que réclame la Charte; c'est là que sont les poisons qui la détruiraient nécessairement. Qu'on n'aille pas me dire qu'elle est elle-même une production du système révolutionnaire. Les réformateurs n'ont au contraire oublié ni intrigues ni crimes pour l'empêcher de naître; ceux qui en avaient conçu l'idée n'ont jamais cessé d'être persécutés. En 1792, lorsqu'il fut question de la misérable jonglerie du comité autrichien, et que les jongleurs furent sommés de dire de quels individus était composé ce comité, dans quels lieu il tenait ses séances, le député Brissot, ne sachant que répondre aux vives interpellations qui lui était faites, répondit que ceux-là étaient membres du comité autrichien, qui voulaient un gouvernement composé de deux Chambres.

L'infortuné Louis XVI lui-même ne s'y serait pas opposé, et peut-être même eût-il désiré de le voir établi. Dès l'ouverture des Etats-Généraux, il fut question de ce changement dans son conseil. Le ministre Necker, qui en faisait partie, dit, dans ses Mémoires sur la révolution, que « sa majesté n'entendait pas soustraire à la dé- « libération des Etats, les défauts inhérens à « l'ancienne Constitution, et à la recherche des « moyens de perfection ; mais que le monarque « écarterait avec vigueur les idées naissantes « sur la Constitution de ses Etats en une « seule Assemblée, et déclarait qu'il refuserait « son assentiment à toute espèce d'organisation « législative qui ne serait pas composée au « moins de deux Chambres. »

Un prélat d'un grand mérite, qui existe encore, proposa, dans un écrit qui fit beaucoup de sensation, d'adopter le système des deux Chambres. Il fut combattu avec violence par les libéraux de cette époque, qui lui firent perdre l'ascendant qu'il avait dans l'assemblée dont il était membre.

Ce système fut cependant présenté à l'Assemblée sous deux formes différentes, et les libéraux le repoussèrent constamment. La Charte n'appartient donc ni à la révolution ni aux révolutionnaires? Ils ont toujours été les ennemis les plus acharnés des principes et des institutions sur lesquels elle doit être fondée, et sans lesquels il est impossible qu'elle se soutienne. Quand je les vois revêtus de ses couleurs, je me figure des bandits parés des vêtemens des malheureux qu'ils ont assassinés.

Cependant ils demandent des institutions qui la conservent et qui la développent; ils veulent, comme en 1789, une garde nationale formée d'après les principes suivis à cette époque. Or, à cette époque, la garde nationale fut imaginée par l'abbé Syeyes et Mirabeau, pour faire la révolution; et on eut soin qu'elle fût entièrement indépendante du pouvoir royal, ou plutôt qu'elle devînt une force pour le détruire; et c'est ce qu'on obtint. En demandant la même chose aujourd'hui, où veulent arriver les libéraux? Je le sais bien : à l'isolement du pouvoir monarchique, en séparant de la personne du Prince la principale force qui, bien organisée, doit veiller avec le plus de soin au maintien de son pouvoir et à son inviolabilité. Il en est de même de toutes les prétendues institutions que demandent les libéraux; toutes sont l'inverse de ce qu'elles doivent être.

Si le législateur veut réellement le maintien de la monarchie actuelle, il s'y prendra différemment ; il se souviendra que l'architecte qui a bâti le Louvre, ne l'a point élevé sur des brins de chenevottes ou des bâtons-échallas, mais sur de puissantes colonnes qui en font en même temps l'ornement et la solidité. Il appliquera ce principe aux institutions nécessaires à la conservation de la Charte, et ne la fera point reposer sur des individualités sans consistance, et flottant comme des roseaux au gré des tempêtes politiques.

—

CHAPITRE XI.

Récapitulation et rapprochemens.

La révolution de France présente à l'imagination la forme d'un long serpent, de l'effroyable Boa, par exemple, qui, après avoir infecté de ses poisons le terrain qu'il a parcouru, se replie sur lui-même, et rapproche sa queue de sa tête. Dans cette situation, qui est actuellement celle du système révolutionnaire, le dangereux reptile paraît reposer; mais gardez-vous d'en approcher, ce prétendu sommeil est celui de la perfidie; s'il repose, c'est pour se gonfler d'un venin nouveau, et suppléer celui qu'il a vomi dans ses accès de rage.

Tel est l'emblême de cette révolution terrible qui a si long-temps désolé la France et épouvanté l'Europe, et qui menace encore l'une et l'autre; j'en ai indiqué la marche, j'en ai marqué les développemens, et pour ne pas sortir du style convenable à la comparaison dont je me suis servi, je l'ai observée depuis la tête jusqu'à la queue, et depuis la queue jusqu'à la tête, enfin j'ai rappelé ce qu'elle a fait en le rapprochant de ce qu'elle veut faire. Le système qui l'a mise en mouvement a paru pendant quelque temps engourdi comme le monstre auquel je l'ai comparé; il se réveille comme lui, et déjà on le reconnaît à l'odeur empestée qui le précède.

S'il eût été détruit pendant son apparente inertie, sa puissance étant morte avec lui, il serait au moins inutile de publier les désastres qu'il a amoncelés sur notre patrie; d'aussi hideux tableaux ne seraient bons qu'à effrayer le lecteur, à lui faire regarder ses semblables comme des tigres, à tourmenter enfin son imagination jusque dans son sommeil. Dans cette supposition, le silence serait sans doute un devoir, et l'oubli une vertu évangélique; mais quand le monstre reparaît au milieu de la terreur qu'il inspire, et traînant toutes les calamités à sa suite, c'est un bien plus grand devoir encore d'avertir de ses approches, c'en est un d'apprendre ce qu'il a fait, pour qu'on sache ce qu'on doit en craindre. Je répète cette réflexion que j'ai déjà faite, parce que je crois qu'on ne peut la répéter assez; elle est suggérée par l'expérience, guide bien plus sûr que le savoir de tous les publicistes. Ils ont développé d'admirables théories, je le crois; mais l'expérience nous a enseigné la pratique. Les peuples et les gouvernemens profiteront-ils de ses leçons; je l'ignore. Quoi qu'il en soit, il sera toujours bon de les rappeler, et je dirai avec Racine :

Cet oracle est plus sûr que celui de Calchas.

Mais récapitulons.

PREMIÈRES OPÉRATIONS RÉVOLUTIONNAIRES.

J'ai dit que je ne chercherais point, dans cet écrit, les causes premières de la révolution de France. Si j'avais à m'occuper de ce grand travail, je croirais devoir les faire remonter à la réforme. C'est bien haut, me dira-t-on, et ressemble beaucoup à ce fameux siége de Troie, commencé par les œufs de Léda. Cette objection ne me ferait pas changer de sentiment, et l'on aurait beau dire tout ce qu'on voudrait, je n'en persisterais pas moins à croire que c'est de cette époque qu'il faudrait partir; car c'est la réforme qui, par ses dangereuses discussions, a donné naissance à la philosophie sceptique, qui, à son tour, dit si énergiquement Rousseau, *a miné les fondemens de toute sociabilité.*

Ce philosophisme, condamné même par ceux qui se sont le plus acharnés à en répandre la doctrine, a d'abord infesté les classes élevées; et du maître au valet, de la dame de cour à ses femmes de chambre, il s'est successivement introduit jusque dans les classes populaires. Alors la corruption est devenue générale, les États-Généraux se sont assemblés sous ses auspices, et la révolution a commencé.

Je suis ici sur mon terrain, et puis parler en connaissance de cause. La première résolution de faire une Constitution ou de modifier l'ancienne, en lui donnant des bases qui assureraient les droits et la liberté de tous, est partie de la Chambre de la noblesse; si l'on en doute, on peut consulter les procès-verbaux des trois Ordres avant leur réunion en une seule assemblée.

Il ne fut nullement question de Charte ou de Constitution dans l'ordre du Tiers-État à cette première époque. D'ailleurs un très-petit nombre de députés étaient alors en état de s'occuper de cet objet, et la vérité est que la très-grande majorité de cet Ordre n'y pensait pas. Ce fut la minorité de la noblesse réunie au Tiers-État qui en fit naître l'idée.

Ainsi, ce sont ceux qu'on accuse en 1820 de vouloir proscrire toute espèce de Constitution, qui insistèrent le plus en 1789, pour qu'on en établît une. Les mêmes principes furent professés par le roi la même année; il exigeait seulement que les changemens ou améliorations proposés ne pussent être faits sans qu'il y prît part. L'excellent prince voulait entrer en communauté de tout le bien qu'on pouvait faire à ses peuples; il n'y a qu'à la tyrannie qu'il se soit opposé. Dans sa déclaration du 23 juin 1789, qui est un acte d'accusation terrible contre ceux qui la repoussèrent, le roi proclame l'abolition de tous les priviléges en fait de contributions publiques, qui, d'ailleurs, ne peuvent être établies et subsister que du consentement des États-Généraux. Il n'y a point d'abus qui n'y soient attaqués. De concert avec les États, le monarque s'engage à les faire cesser; il supprime les lettres de cachet (art. 15 des dispositions législatives qu'il a intention d'établir). L'article 16, relatif à la liberté de la presse, est ainsi « conçu : Les États-généraux examineront et fe-« ront connaître à Sa Majesté le moyen le plus « convenable de concilier la liberté de la presse

« avec le respect dû à la religion, aux mœurs « et à l'honneur des citoyens. » Tout est prévu enfin dans cette déclaration pour garantir une sage liberté, qui, quoi qu'en puissent dire ceux qui en ont fait la devise de leurs extravagances et de leurs fureurs, existait alors par le fait, telle que peut-être elle n'a jamais existé chez aucun peuple. J'ai parcouru plusieurs provinces de France avant la révolution, et jamais un gendarme, jamais un agent de police ne m'a demandé ni qui j'étais ni d'où je venais. Arrivé à Paris, je n'y ai pas été plus inquiété; dans les hôtels garnis même où j'ai logé, on ne m'a demandé mon nom que pour pouvoir dire si j'étais absent ou non aux personnes qui viendraient me visiter.

Sous le règne de la liberté, je n'ai vu que passe-ports ou prétendues cartes de sûreté. Hors de Paris, on ne pouvait pas faire trois ou quatre lieues sans être obligé d'exhiber un passeport; dans l'intérieur de la ville, sous la république surtout, il fallait montrer la maudite carte de sûreté à tous les corps-de-garde, et aller en prison quand on l'avait oubliée.

Lors de la prise de la Bastille, on y trouva cinq prisonniers détenus pour aliénation, ou pour ménager l'honneur de quelques respectables familles. A une grande époque de la liberté républicaine, les geôliers des prisons de France y ont compté à peu près quatre cent mille locataires. Si les registres du comité de sûreté générale existent encore, on pourrait y vérifier ce fait : c'est un petit travail digne de la sollicitude de MM. les auteurs de la *Bibliothèque historique*. Pour moi, je tiens cette particularité d'un principal employé du susdit comité, qui avait eu les listes dans son bureau, et la curiosité d'en faire le recensement. Cet employé, dont j'ai oublié le nom, avait été envoyé dans la prison du Luxembourg, par je ne sais quel caprice de ses maîtres, et où j'étais alors, comme suspecté d'être suspect. Ce fait a été raconté à beaucoup d'autres prisonniers qui existent encore.

Telle est la justice des révolutions. Ceux qui les dirigent ont le singulier pouvoir de rendre noir ce qui avant eux était blanc, et de métamorphoser le noir en blanc. Quatre ou cinq individus, ou fous, ou méritant le dernier supplice, avaient été envoyés à la Bastille, par prudence et par grâce. Le monarque au nom duquel cette mesure avait été prise, fut déclaré despote, tyran, mangeur d'hommes, et mis à mort; et ceux qui élevèrent des bastilles dans toutes les villes de France, qui en établirent plus de soixante à Paris, où il n'y en avait qu'une du temps du despotisme, qui y renfermèrent quatre cent mille personnes, furent les patriotes, les amis de la liberté; et c'est encore ainsi qu'on les qualifie. Quel despote, que ce roi qui faisait détenir cinq individus à la Bastille! et quels amis de la liberté, que ceux qui en avaient emprisonné quatre cent mille!

CLUBS ET PÉTITIONS.

J'ai suffisamment parlé de ces deux fermens révolutionnaires; c'est par eux que la nation a été tourmentée, tenaillée dans tous les sens; c'est par leurs attaques combinées que tout a été détruit.

Aujourd'hui cette combinaison, il est vrai, n'est pas tout à fait ce qu'elle était autrefois; les clubs n'ont pas la même consistance; leurs séances ont cessé d'être publiques, et ils sont réduits à conspirer dans l'ombre, en attendant les anciens jours de la lumière; pour se soustraire aux poursuites judiciaires, ils sont obligés de se mobiliser; ainsi, ils ne peuvent produire des effets aussi désastreux qu'en 1792 et 1793; mais les moyens qu'ils ont employés existent encore, et ils continuent de les faire agir autant qu'ils le peuvent. Le principal de ces moyens est le comité directeur, qui sans doute a d'autres comités correspondans dans les départemens, mais qui cependant n'y sont pas en assez grand nombre pour suppléer les excellentes sociétés affiliées. Ils les ont remplacées dans chaque ville par quatre ou cinq intrigans pour la plupart échappés des anciennes institutions révolutionnaires.

Ces gens-là, parfaitement au fait des rôles qu'ils ont à jouer, s'attachent surtout à séduire les hommes simples et de bonne foi; ils les épouvantent par leurs mensonges, les déconcertent par leurs sophismes, et les préparent ainsi aux révoltes depuis long-temps méditées. Ce sont ces manœuvres révolutionnaires qui reçoivent du comité-directeur des modèles de la plupart des pétitions politiques; quelquefois ils les fabriquent eux-mêmes, d'après les instructions qu'ils ont reçues : mais c'est alors que, voulant s'élever sur le champ à ce qu'ils appellent *la hauteur des circonstances*, qui sont le plus bas degré de l'infamie, il leur arrive souvent de commettre de lourdes fautes, qui dérangent les projets de leurs maîtres. On les avertit bien de mettre encore de la prudence dans la rédaction de leurs factums; mais *virtus invita se prodit;* et dès les premiers mots, on y reconnaît le style grossier et les impertinences de 93. Je ne suis pas éloigné de croire que le plus grand nombre de ces pétitions est l'ouvrage des hommes de cette époque; quant aux autres, ce sont de pauvres moutons courant après les boucs qui précèdent le troupeau.

Presque toutes leurs missives commencent par ces phrases de protocole révolutionnaire : *Mandataires du peuple, représentans du peuple*, expressions imaginées pour faire la révolution. Ce fut Mirabeau, alors forcené démagogue, et qui cessa trop tard de l'être, qui, avant la métamorphose des trois ordres en une seule assemblée, voulut donner au Tiers-État la qualification machiavélique de *représentant du peuple*. Cette assemblée, qui n'avait pas encore été totalement entraînée dans la carrière du désordre par les clubistes et les pétitionnaires, rejeta la proposition de Mirabeau, et défendit depuis à ses membres de prendre le titre de *représentans du peuple*, que plusieurs d'entr'eux s'étaient arrogé. Ce rejet fut motivé par le danger de cette usurpation. Il fut dit, dans la délibération, qu'elle renfermait le principe d'une nouvelle féodalité, un moyen de diviser la

France, et peut-être de la fédéraliser, système apporté d'Amérique, et qui trouva des appuis sous le règne de la Convention. Aussi, tous les factieux ne manquèrent pas de s'en emparer, et l'on sait qu'il constitua l'énorme puissance de ces proconsuls conventionnels qui firent des provinces de France autant de satrapies, livrées à tous les genres de dévastation.

L'assemblée, conformément à ses prétentions à réunir tous les pouvoirs, réserva le malheureux titre pour elle, et s'intitula *représentation nationale*, qualification qui eût été légitime, si le prétendu droit n'eût pas été une usurpation, qui dès lors entraîna la destruction de la monarchie; car le monarque, quoique nominativement conservé, ne fut absolument rien dans le nouveau système, jusqu'au moment où Barnave, après le retour de Varennes, lui fit donner le titre de *représentant héréditaire de la nation*, titre que lui refusait Thouret, rapporteur du comité de Constitution : celui-ci voulait qu'on ne lui donnât pas d'autre qualification que celle de *chef du pouvoir exécutif*.

Je ne voudrais pas continuer cette discussion, qui pourrait me mener trop loin. Cependant, dans une circonstance où il est question de donner des bases plus sûres à la loi fondamentale, je ne crois pas inutile de jeter en avant quelques idées sur cette matière; on en fera ce qu'on voudra.

Dans une monarchie fondée sur le système représentatif, la représentation doit être *une*, comme elle; la diviser, c'est lui ravir sa force, la déchirer, la dissoudre, et préparer sa dissolution. L'expérience est ici à l'appui de mon opinion : dans la politique actuelle, je ne connais pas d'autre docteur; tous les autres m'ont plus ou moins trompé, et, pour mon compte, je ne veux plus être leur dupe.

Les députés venus des départemens pour composer la seconde chambre, ne sont pas plus les représentans du peuple, que, dans un portrait en pied, le nez et les oreilles sont les représentans du personnage; ils font partie du tableau, et n'en sont que les élémens. La représentation nationale, telle qu'à mon avis elle doit être entendue dans le véritable esprit de la Chartre, est formée du Roi, qui en est l'âme, et des deux Chambres, à qui, d'après la loi fondamentale, il a accordé une partie de ses pouvoirs. Cette représentation ainsi constituée est le législateur, dont nul individu, nul pouvoir particulier ne peut usurper le titre, sous peine de forfaiture au premier chef. Les députés des départemens sont appelés sans doute à faire partie de la représentation; mais pris isolément, chacun d'eux n'est que la deux cent cinquante-huitième portion de la troisième partie de la totalité. Dans la Chambre où il délibère, M. B. C. est effectivement une *portioncule* de la représentation nationale; mais hors de la Chambre, il n'est plus qu'un des rédacteurs de *la Minerve* ou de *la Renommée*, et ne représente qu'un sophiste.

COMPLOTS CONTRE LA DYNASTIE RÉGNANTE.

Ceux qui imaginèrent de faire une révolution en France, résolurent aussi de renverser la dynastie régnante; ils voulaient que tout fût nouveau, la nation, les institutions et le Roi. C'est encore ce qu'on dit aujourd'hui, excepté du Roi, dont on n'ose pas encore parler avec une si haute impudence; on appelait ce système *régénération de la nation*. J'ai dit plus haut comment la Convention s'y était prise pour opérer cette régénération, et je n'ai rien dit que de rigoureusement exact.

Lors des évènemens des 5 et 6 octobre, le député Mounier, l'un des plus estimables députés aux États-Généraux, témoignant son effroi à Mirabeau sur les terribles évènemens qui se passaient, et sur ceux qu'il prévoyait encore, lui demandait si l'on avait résolu de détruire la royauté. « Eh! bonhomme, lui répondit en ricanant celui-ci, qui vous a dit que nous ne « voulons pas de roi; mais que vous importe « que ce soit Louis XVI ou Louis XVII; vou« lez-vous que ce soit toujours le *bambin* qui « nous gouverne? » Louis XVI se balançait un peu en marchant : c'est ce que veut dire l'impertinente épithète qu'il donnait à cet excellent Prince.

Après le 10 août, un parti de révolutionnaires prévoyant qu'il serait impossible d'établir une république en France, avait résolu d'offrir le trône au duc de Brunswick ou au duc d'Yorck. Un individu nommé *Carra*, qu'une poursuite pour vol avait forcé de s'enfuir en Allemagne, et de là chez l'hospodar de Valachie, de retour en France avec tous les philosophes aventuriers qu'on y appela, fut chargé de propager cette idée. Robespierre, moins lâche que le misérable Carra, fut instruit de cette intrigue, et le fit guillotiner avec les vingt-deux girondins. Carra faisait, pendant la révolution, un journal écrit en style lourd et grossier, qui était l'évangile des sociétés-filles des départemens; toutes, jusques à celles des villages, avaient leur Carra, et buvaient à grands traits les poisons révolutionnaires que ce jacobin leur envoyait chaque jour. Son journal, intitulé *Annales patriotiques*, contribua plus qu'aucun autre à introduire la corruption dans les classes populaires, jusques alors innocentes, parce qu'étant à leur portée, il voilait, sous une hypocrite simplicité, les principes les plus pervers. La société-mère avait aussi eu soin de faire adopter Carra par tous les cabarets et les petits cafés de la capitale. Marat, qui provoquait nettement à l'assassinat, était peut-être moins dangereux que le libéral Carra, qui déguisait encore ses projets, au fond parfaitement les mêmes.

Aujourd'hui, nous comptons plus d'un Carra, affublés d'une nouvelle mandille, également chargés d'endoctriner le peuple; et nous avons aussi des libéraux qui n'ont pas eu honte de demander aux étrangers un maître pour une nation qui, depuis son existence, n'a jamais eu que des rois nés et élevés dans son sein. Cette nation est la seule en Europe qui ait joui d'un aussi honorable privilége; et les malheureux qui veulent le lui ravir, ont l'impudence de se dire ses interprètes. Ils se déclarent les conservateurs exclusifs de sa Constitution, demandent des institutions pour la consolider, et toutes celles qu'ils proposent tendent à en isoler les principaux élémens : ils font, pour conserver, précisément ce que leurs devanciers ont fait pour détruire.

La Charte, par sa nature, par les délibérations, par les opérations qu'elle admet, par la profusion des idées qu'elle donne la liberté de répandre, ouvre tous les pores du corps politique, s'il est permis de s'exprimer ainsi, et le dispose à recevoir toutes les impressions ou vertueuses ou perverses qui se partagent la nature humaine. Si c'est la perversité qui domine, elle y introduira d'autant plus facilement ses poisons, que, depuis bien des années, elle n'a pas éprouvé de résistance ; alors l'état se décomposera avec la plus grande rapidité, et, comme dit le vicomte de Châteaubriand, tout sera fini.

Quid vanæ proficiunt leges sine moribus ?

FIN.

TABLE

DES CHAPITRES.

FIN DE LA TABLE DES CHAPITRES.

www.ingramcontent.com/pod-product-compliance
Ingram Content Group UK Ltd.
Pitfield, Milton Keynes, MK11 3LW, UK
UKHW021056270726
13967UKWH00012B/1795

9 782012 962767